ENCYCLOPÉDIE ILLUSTRÉE

LES OISEAUX

ENCYCLOPÉDIE ILLUSTRÉE

LES OISEAUX

par
Zdeněk Veselovský

GRÜND

Frontispice
Grive litorne
(Turdus pilaris).

Page 5
Chalybée du Cap
ou Soui-manga du Cap
(Nectarinia chalybæa).

◀ Momot houtouc
ou Grand Momot
(Momotus momota).

Garantie de l'éditeur :
Malgré tous les soins apportés à sa fabrication, il est malheureusement possible que cet ouvrage comporte un défaut d'impression ou de façonnage. Dans ce cas, il vous sera échangé sans frais. Veuillez à cet effet le rapporter au libraire qui vous l'a vendu ou nous écrire à l'adresse ci-dessous en nous précisant la nature du défaut constaté. Dans l'un ou l'autre cas, il sera immédiatement fait droit à votre réclamation.

Librairie Gründ - 60, rue Mazarine - 75006 Paris

Texte original : Zdeněk Veselovský
Adaptation française : Pierre Bertrand
Photographies : Zdeněk Veselovský et alii (p. 256)
Dessins au trait : Zdeněk Veselovský
Maquette : Karel Drchal
Secrétariat d'édition : Claire Forgeot

Première édition française 1996 par la Librairie Gründ, Paris

ISBN : 2-7000-1842-7
Dépôt légal : septembre 1996

Imprimé en République tchèque
3/23/03/53-01

SOMMAIRE

INTRODUCTION

Avec près de 10 000 espèces, les oiseaux forment la seconde classe de vertébrés par le nombre. Ils se distinguent de tous les autres vertébrés par la présence du plumage. Leur aptitude au vol leur assure la suprématie dans les airs, tandis que l'isolation fournie par le plumage et leur température constante leur permettent de vivre aussi bien sous les tropiques que sous les latitudes glacées de l'Antarctique.

Les oiseaux peuplent les milieux les plus divers, déserts inhospitaliers, steppes, savanes, forêts, jungles, marais, lacs et mers. L'Amérique du Sud est le continent le plus riche en oiseaux, avec 2 500 espèces pour 19 millions de kilomètres carrés. Les plus connus sont les nandous, les tinamous, les condors, l'hoazin huppé, les momots, les toucans et de nombreux passereaux comme les cotingas. L'Afrique, au sud du Sahara, vient en seconde position, avec 1 750 espèces pour 22 millions de kilomètres carrés. Les représentants typiques de son avifaune sont l'Autruche, le Bec-en-sabot, le Messager sagittaire, les touracos, les colious, les pies-grièches, les souimangas et les tisserins. L'Asie tropicale abrite 1 500 espèces sur 31 millions de kilomètres carrés. Beaucoup d'entre elles appartiennent aux mêmes familles que les oiseaux africains. Les plus typiques sont les faisans, les pigeons frugivores, les calaos, les brèves et les drongos. L'Europe, le nord de l'Asie, l'Afrique du Nord et le Moyen-Orient forment l'aire biogéographique la plus vaste, mais n'abritent que 1 100 espèces sur 34 millions de kilomètres carrés. Les seuls oiseaux typiques de cette zone sont les accenteurs et les grimpereaux. L'Amérique du Nord, aussi vaste que l'Afrique subsaharienne, ne possède que 750 espèces sur 21 millions de kilomètres carrés, dont les troglodytes, les parulines, les tangaras et les bruants. Enfin, l'Australie est l'aire la plus petite, mais abrite 930 espèces pour 9 millions de kilomètres carrés, dont beaucoup sont remarquables : émeus, casoars, kiwis, mégapodes, podargues, perruches, oiseaux-moines, oiseaux-lyres ou ménures, oiseaux-de-paradis et oiseaux-à-berceau.

De nos jours, nombreux sont ceux qui se passionnent pour l'observation des oiseaux et apprécient leurs chants. Depuis les temps les plus reculés, les hommes envient leur faculté de vol, qu'ils ont longtemps cherché à imiter. Ce n'est pas un hasard si l'aigle et le faucon, aux allures pleines de noblesse et de majesté, ont été des symboles de courage et de force pour les Sumériens, les Égyptiens, les Grecs et les Romains et, plus tard, pour les grandes familles des nations les plus puissantes, qui les firent figurer dans leurs armoiries. La vie familiale exemplaire et les chants mélodieux des oiseaux ont inspiré de nombreuses compositions musicales et œuvres littéraires. À leur tour, les scientifiques se sont attachés à l'étude des oiseaux avec un enthousiasme et une admiration tels que ceux-ci sont maintenant les mieux connus des animaux.

AVERTISSEMENT AU LECTEUR

L'*Encyclopédie des oiseaux* cite de très nombreux oiseaux du monde entier. Pour traduire leurs noms, nous avons pris le parti d'utiliser la nomenclature officielle la plus récente, publiée en 1993 par la Commission internationale des noms français des oiseaux dans l'ouvrage *Noms français des oiseaux du monde*, aux Éditions Chabaud. Cette nomenclature récente présente des différences parfois importantes avec d'autres ouvrages, guides d'identification ou encyclopédies, et certaines appellations risquent de surprende le lecteur.

Gorfou sauteur *(Eudyptes chrysocome)*.

Chapitre 1

L'OISEAU EN QUELQUES MOTS

Paon spicifère *(Pavo muticus)*.

Les oiseaux sont de proches parents des reptiles, ce que confirme la structure de leur squelette et de leurs organes, mais ils sont beaucoup plus évolués. Leur cerveau et leurs sens sont plus développés, la circulation artérielle et la circulation veineuse sont complètement séparées et leur cœur est le plus gros de tout le règne animal. Leur température corporelle est élevée (44,5 °C) et ne dépend pas de la température extérieure. Leur appareil respiratoire est beaucoup plus efficace que celui des autres vertébrés. À terre, ils se déplacent sur deux pattes, les membres antérieurs étant modifiés en ailes. Leur fonction originale, saisir la nourriture, a été dévolue aux mâchoires, transformées en bec. La tête est très mobile grâce à un long cou. Ayant perdu leurs dents, les oiseaux déchirent ou broient les aliments à l'aide du bec, ou bien les avalent entiers. L'absence de dents est compensée par un gésier aux parois musculaires développées, où la nourriture est broyée par des pierres que les oiseaux ingèrent instinctivement. Pour voler, le corps des oiseaux doit être aussi léger que possible : leurs os sont creux et, chez les bons voiliers, le squelette pèse moins lourd que le plumage.

Le plumage

Les plumes constituent le revêtement corporel le plus léger et l'isolant le plus efficace qui soit. Les plumes de contour (plumes de vol et couvertures) sont implantées dans des régions précises du corps, appelées ptérylies, sauf chez les oiseaux coureurs et les manchots, où elles poussent

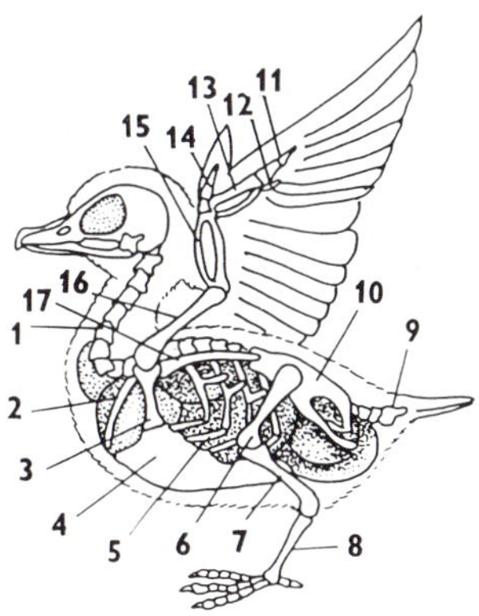

Le corps de l'oiseau est très léger car les os sont creux et reliés à un système de sacs aériens (en pointillés). Vertèbres cervicales (1), clavicule (2), os coracoïde (3), sternum et bréchet (4) pour l'insertion des muscles de vol, côtes (5), fémur (6), tibia et péroné (7), tarse (8), pygostyle (fusion des vertèbres de la queue) (9), bassin (10), doigt II (11), doigt III (12), carpométacarpe (13), doigt I (14), radius et ulna (15), humérus (16), omoplate (17).

Canard mandarin [1] *(Aix galericulata)*.

1

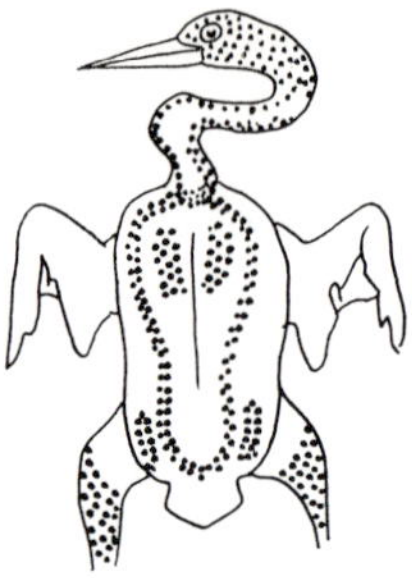

Les plumes de contour poussent dans des zones du corps appelées ptérylies (en pointillés). Seul du duvet pousse dans les espaces intermédiaires (aptéries).

Flamant nain [2] *(Phœnicopterus minor)* au plumage coloré.

2

sur tout le corps. Les espaces intermédiaires, ou aptéries, sont nus ou bien couverts de duvet.

Les plumes sont en fait des écailles de reptile modifiées. Elles doivent être à la fois souples et résistantes. Elles sont implantées dans la peau par un *tuyau* creux, prolongé par une *hampe* pleine qui porte l'*étendard*. Celui-ci est formé des ramifications latérales de la hampe, ou *barbes,* elles-mêmes ramifiées en *barbules*. Les barbules dirigées vers la pointe de la plume possèdent des crochets et s'arriment aux barbules dirigées en

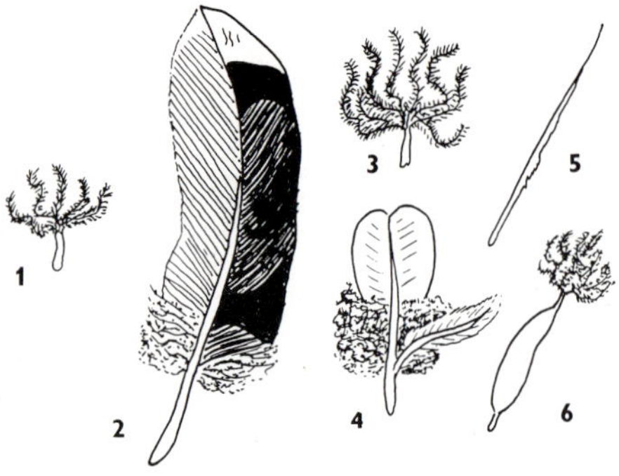

Différentes catégories de plumes : duvet d'un jeune (1), plume de contour (2), duvet d'un adulte (3), plume de contour avec vexille secondaire (4), vibrisse (5), duvet poudreux (6).

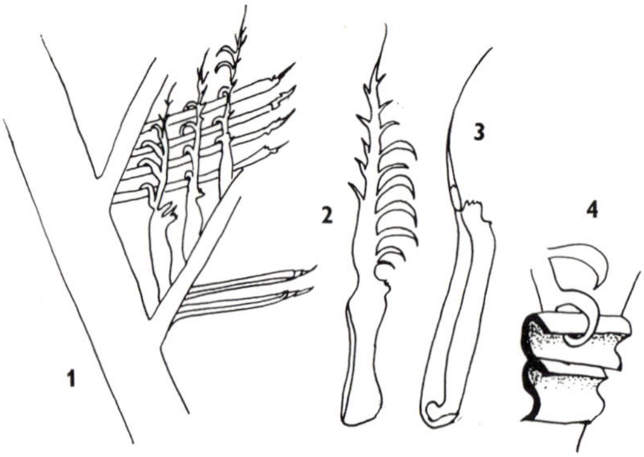

L'étendard, ou vexille (1), est formé de barbes maintenues entre elles par des barbules. Les barbules à crochet (2) poussent vers le haut, tandis que les barbules lisses (3) poussent vers le bas. Elles s'accrochent les unes aux autres pour assurer la cohésion de l'étendard (4).

sens inverse. Cette structure est caractéristique des plumes de contour, tandis que les plumes de duvet sont dépourvues de hampe et possèdent des barbes duveteuses. Le bec est entouré de *vibrisses* sensibles au toucher qui remplissent les mêmes fonctions que celles des chats ou des souris.

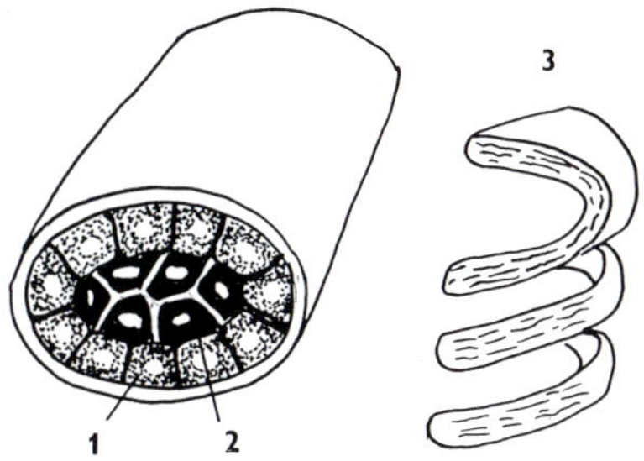

Les cellules remplies d'air (1) des barbes de la plume sont séparées par des pigments noirs (2). Elles absorbent certaines couleurs, donnant à la plume une teinte bleue.
Les couleurs chatoyantes sont produites par la structure de la plume (3).

La peau des oiseaux ne contient pas de glandes cutanées, à l'exception de la *glande uropygienne*, située sur le croupion, qui produit une sécrétion huileuse. Plusieurs fois par jour, les oiseaux enduisent leurs plumes de cette sécrétion afin de leur conserver leur élasticité. Les perroquets, les pics, les hérons et les grues, dépourvus de glande uropygienne fonctionnelle, possèdent un *duvet poudreux* qui remplit la même fonction.

La coloration et les motifs du plumage sont dus à des pigments : mélanines noire et brune, porphyrines vertes et caroténoïdes jaunes à rouges. Ces derniers proviennent des aliments ingérés par l'oiseau. Les riches nuances de bleu sont provoquées par la dispersion de la lumière à travers les cellules emplies d'air de l'étendard. Les couleurs irisées, vert, bleu, violet et pourpre sont créées par la structure particulière de certaines barbules, dont la forme se rapproche de celle d'un prisme, réfractant la lumière à la manière d'un arc-en-ciel.

Grue à cou blanc [3] (*Grus vipio*) lissant ses plumes.

3

Ce Pélican frisé [4] (*Pelecanus crispus*) se lisse la tête avec les griffes.

4

L'entretien du plumage revêt une telle importance pour la survie de l'oiseau qu'il constitue l'une des activités les plus fréquentes de la journée. En effet, l'oiseau doit être capable de s'envoler rapidement en cas de danger et, chez les oiseaux d'eau, l'étanchéité du plumage est une nécessité vitale. Les oiseaux se lissent donc régulièrement les plumes avec le bec (les pattes pour les plumes de la tête). Des bains réguliers sont également nécessaires pour éliminer les impuretés qui colleraient les plumes et abîmeraient leur structure délicate. Après le bain, l'oiseau s'ébroue puis hérisse les plumes et les sèche par des mouvements rythmiques des ailes. La toilette prend fin avec l'opération complexe et astreignante du lissage de chacune des plumes. Les hirondelles et les sternes se baignent en plongeant dans l'eau. Certains perroquets prennent des bains de pluie, suspendus tête en bas à une branche. Les oiseaux des déserts et des steppes (Autruche, outardes, alouettes, gangas), qui n'ont pas la possibilité de se baigner régulièrement, prennent des bains de poussière ou de sable. De même, les oiseaux de montagne ou du Grand Nord, comme les perdrix des neiges ou lagopèdes, prennent des bains de neige. Les étourneaux, les tangaras, les tisserins, les pics et les Corvidés prennent aussi des bains de fourmis. Pour cela, ils prennent une fourmi dans le bec et la frottent sur les plumes, ou bien se couchent sur une fourmilière afin que les fourmis, furieuses, les arrosent d'acide formique, qui élimine les parasites.

Cacatoès de Leadbeater [5] *(Cacatua leadbeateri)* étirant une aile et une patte.

5

Ce Colibri anaïs [6] *(Colibri coruscans)* se gratte la tête en passant la patte par-dessus l'aile.

6

7

Groupe de bernaches à cou roux [7] *(Branta ruficollis)* en train de se baigner.

La toilette de l'oiseau comprend également le nettoyage du bec, qui est frotté contre une branche ou une pierre, lavé dans l'eau ou frotté avec les pattes. Les palmipèdes et les limicoles se lavent régulièrement les pieds, en particulier avant de s'asseoir sur le nid. Pour donner leur forme à leurs deux rectrices (plumes de queue) allongées, les momots en arrachent les barbes, ne laissant qu'une touffe ronde à l'extrémité. Enfin, les oiseaux s'étirent les mandibules, les ailes et les pattes. Les ailes sont alors relevées au-dessus du corps, puis étirées en avant et appuyées l'une contre l'autre. Certains oiseaux étirent leurs ailes simultanément, d'autres alternent. En même temps, ils se tiennent sur une patte et étirent l'autre parallèlement à l'aile. Ils gardent la pose quelques secondes avant de changer de côté.

8

Ce Casoar à casque [8] *(Casuarius casuarius)* se lisse les plumes de la tête avec sa patte.

Certains oiseaux, comme les cormorans et les anhingas, doivent sécher leurs plumes après la pêche. Pour cela, ils se posent sur une branche ou un rocher, déploient les ailes et attendent patiemment que le soleil les sèche. Beaucoup d'autres oiseaux prennent régulièrement des bains de soleil, exposant d'abord une face de leur corps, puis l'autre.
Malgré tous les soins que les oiseaux prodiguent à leurs plumes, celles-ci s'usent peu à peu et n'assurent plus leur fonction. En muant régulièrement, en général deux fois par an, les oiseaux remplacent les vieilles plumes par de nouvelles. Ils muent la totalité des plumes au cours de la *mue complète*, mais seulement les plumes du corps au cours de la *mue partielle*. Pendant la saison de reproduction, beaucoup de mâles revêtent une splendide livrée, remplacée par un habit plus discret après la nidification.

Le sommeil

Le repos et le sommeil occupent une place importante dans les activités quotidiennes de l'oiseau. Beaucoup de personnes croient à tort que l'oiseau dort dans son nid. En réalité, les oiseaux ne dorment au nid que pendant la reproduction, à l'exception des pics et des moineaux, qui construisent des nids destinés au repos. Chez tous les autres, le séjour au nid est imposé par la ponte, l'incubation et l'élevage de la nichée. Le reste de

9

Flamants roses [9] *(Phœnicopterus ruber)*. Les oiseaux d'eau consacrent beaucoup de temps à l'entretien de leur plumage.

Cet Urubu à tête rouge [10] *(Cathartes aura)* prend un bain de soleil.

10

Les coryllis, de petits perroquets,
se suspendent
tête en bas pour dormir.

11

Manchot royal [11] *(Aptenodytes patagonica)*.
Les manchots prennent grand soin de leur plumage.

l'année, ils dorment dans la couronne des arbres ou dans des fissures (troncs, rochers...), à l'abri des prédateurs. Les plongeons, les grèbes et les canards dorment sur l'eau.

Le Pélican blanc [12] *(Pelecanus onocrotalus)* fait des sommes très brefs.

12

Pour dormir, la plupart des oiseaux cachent la tête (ou seulement le bec) sous une aile, même les manchots, dont les ailes sont modifiées en courtes nageoires. Les cigognes et les plongeons ne cachent pas le bec sous l'aile mais sur le cou. Les positions de repos sont variées. Les flamants et quelques autres oiseaux dorment sur une seule patte, tandis que les coryllis se suspendent tête en bas.

Les canards, qui dorment sur l'eau, relâchent leur vigilance le moins possible et alternent de brèves périodes de sommeil et de veille. L'oiseau dort alors quelques secondes, ouvre un œil, surveille les environs puis se rendort quelques secondes. Mais il ne change pas de position et semble dormir de manière ininterrompue : c'est le sommeil simulé. Les oiseaux qui dorment en sécurité dans la couronne des arbres ont un sommeil plus long, ininterrompu. Toute chute est rendue impossible par le tendon du muscle fléchisseur des doigts, qui se bloque automatiquement sous le poids de l'oiseau lorsque celui-ci se pose. Ainsi est assurée une prise ferme sans aucun effort musculaire. Les oiseaux de grande taille, en particulier les oiseaux coureurs, se couchent par terre, allongeant leurs pattes vers l'arrière. Les marabouts dorment sur les talons. Avant de s'endormir, ils gonflent leurs sacs aériens cervicaux pour soutenir leur bec massif. Les colious se blottissent pour dormir. Certains oiseaux européens et nord-américains, comme les troglodytes, les grimpereaux et les sittelles, font de même pour échapper aux grandes gelées. Les manchots et les corbeaux se rassemblent dans le

Position de sommeil du Manchot royal [13] *(Aptenodytes patagonica)*.

Cygne chanteur [14] *(Cygnus cygnus)* en sommeil.

13

14

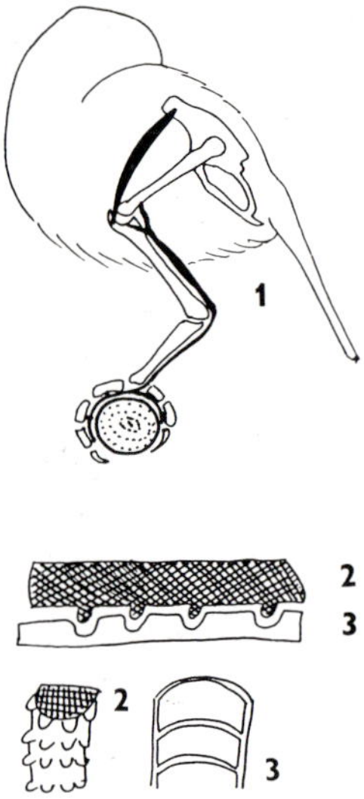

Lorsqu'un oiseau se pose sur une branche, son poids presse les nodules des tendons du muscle fléchisseur des doigts (1) dans une gorge de la gaine du tendon (2 et 3). Ainsi, les doigts restent automatiquement fermés sur la branche.

15

Le Marabout d'Afrique [15] *(Leptoptilos crumeniferus)* dort assis.

même but. Le sommeil en groupe (dortoirs) constitue également une protection contre les prédateurs. Enfin, la Sterne arctique dort dans un terrier creusé dans la neige.

L'alimentation

Le vol étant un mode de déplacement très coûteux en énergie, les oiseaux ont de grands besoins en nourriture. Ils se nourrissent plus activement le matin et le soir. Leur régime alimentaire est très varié : herbe, algues, graines, nectar, fruits, viande, poisson, charogne. Les insectes et leurs larves, les vers, les mollusques et les araignées fournissent la plus grande part des protéines animales consommées par les oiseaux. Les indicateurs sont même capables de digérer la cire d'abeille. Les rapaces ainsi que d'autres oiseaux se sont spécialisés dans la capture des poissons, des batraciens, des reptiles, des mammifères et des... oiseaux. Cette diversité d'aliments explique la variété des becs, des langues et des pattes, adaptés aux différentes méthodes de capture. Les pélicans pêchent collectivement, formant un demi-cercle pour rabattre les poissons en eau peu profonde, où ils peuvent les capturer facilement. Très souvent, ils s'associent aux cormorans, qui plongent et forcent les poissons à remonter vers la surface. Les canards et les flamants se passent de lumière pour se nourrir : en remuant violemment la langue, ils créent une dépression à l'intérieur du bec pour aspirer l'eau et la vase. Grâce aux récepteurs tactiles de leur langue, ils séparent les particules nutritives

16

Le Pélican blanc [16] *(Pelecanus onocrotalus)* chasse en groupe.

de la vase, qui est expulsée par les commissures de la bouche. Mais la méthode de chasse la plus éprouvante est celle des rapaces, aptes à capturer des proies de grande taille en vol et à terre. Si leurs sens très aiguisés leur permettent de localiser facilement les proies, la chasse proprement dite représente un effort important, d'autant plus qu'une tentative sur dix seulement est couronnée de succès. Les rapaces sont capables d'emporter des proies plus lourdes qu'eux.

Flamants roses [17] *(Phœnicopterus ruber)* se nourrissant.

17

18

Nyctale de Tengmalm ou Chouette de Tengmalm [18] *(Ægolius funereus)* en chasse.

Les chouettes et les hiboux sont très bien adaptés à la chasse nocturne grâce à leurs yeux très sensibles et à leur ouïe particulièrement performante. Le moindre frôlement causé par une souris est capté par leurs disques faciaux en forme d'entonnoir, constitué par les plumes qui entourent les yeux et les oreilles, ainsi que par leur oreille externe formée par un repli de peau et de petites plumes.

La reproduction

Reproduire l'espèce est la tâche fondamentale de tout être vivant. Chez les oiseaux, la reproduction est assurée par tout un ensemble de comportements innés. Pour commencer, le mâle doit trouver un territoire convenable et le défendre contre les autres mâles de sa propre espèce. La possession d'un territoire lui confère un avantage pour attirer une partenaire, car les femelles préfèrent les mâles dont les territoires fournissent les meilleures conditions de reproduction. Pour revendiquer ou « marquer » son territoire, le mâle chante et se montre en divers points de celui-ci.

La rencontre et le rapprochement de deux oiseaux de sexe différent sont assurés par les parades nuptiales. Les oiseaux étant doués d'une excellente vue, les parades de certaines espèces sont très complexes et contiennent de nombreux éléments visuels, y compris des combats, ainsi que des éléments sonores. Pendant que les mâles défendent leurs territoires et paradent, les femelles observent avec attention avant de choisir leur partenaire. Chez les Gallinacés où existent des parades collectives, le mâle le plus fort ou le plus déterminé est le père de la majorité des jeunes de l'année. Les parades, innées et caractéristiques de chaque espèce, ont pour but d'éviter les croisements entre espèces. Les différents comportements en jeu au cours de la formation du couple (comme le nourrissage de la femelle par le mâle) ont également pour but de renforcer le lien conjugal, de synchroniser les deux partenaires et d'assurer la défense conjuguée du territoire, du nid et des jeunes. L'accouplement n'a lieu qu'après l'établissement de ce lien.

Parade nuptiale du Garrot à œil d'or mâle [19] *(Bucephala clangula)*.

Parade du Tétras des prairies [20] *(Tympanuchus cupido)*.

19

20

21

Expression hostile de l'aigle [21] harpie *(Harpia harpyja)*.

L'accouplement est suivi de la construction du nid. Certaines espèces n'en bâtissent pas. Le Manchot royal et le Manchot empereur incubent leurs œufs dans un repli de la peau abdominale. Les Alcidés (pingouins, alques et guillemots) nichent sur des corniches surplombant la mer et pondent à même la roche. L'Engoulevent d'Europe ne construit pas non plus de nid, tandis que les chouettes et les faucons utilisent les vieux nids construits par d'autres espèces. Les limicoles, comme les pluviers et les vanneaux, impriment leur corps dans le sol pour y former une cuvette qu'ils tapissent de végétaux. Les flamants grattent la boue pour édifier un dôme au sommet duquel ils aménagent une cuvette ; ces nids impressionnants ont pour but de protéger les œufs et les jeunes d'une crue soudaine. Plus élaboré, le nid de la Mésange à longue queue est fait de quelque deux mille éléments entremêlés et maintenus par des fils d'araignée. L'Hirondelle de fenêtre construit un nid de

22

Accouplement chez l'Huîtrier pie [22] *(Hæmatopus ostralegus)*.

23

Colombine turvert [23] *(Chalcophaps indica)* sur son nid.

boue dont la collecte nécessite seize cents voyages. Les nids les plus complexes sont ceux des tisserins, capables de faire des nœuds pour attacher les brins d'herbe entre eux. En Europe, le maître bâtisseur est la Rémiz penduline, ou Mésange rémiz, qui suspend son nid sous une branche.

Flamant rose [24] *(Phœnicopterus ruber)* sur son nid conique.

24

25

Le nid de la Rémiz penduline [25] *(Remiz pendulinus)* est une structure remarquable.

Une fois la construction achevée, la femelle pond. Alors que les kiwis et les albatros ne pondent qu'un seul œuf, les mésanges en pondent jusqu'à onze et les Gallinacés jusqu'à dix-huit. L'œuf le plus gros est celui de l'Autruche (1,6 kg, soit 1% du poids de l'adulte), le plus petit celui d'un colibri (0,3 g, soit 15 % du poids de l'adulte). S'il arrive que les deux partenaires se relaient pour couver, la femelle assure seule cette tâche dans la plupart des cas. La durée d'incubation varie de dix jours chez les petits passereaux à quatre-vingts chez les albatros. Le jeune perce la coquille à l'aide du *diamant,* petite pointe portée par la mandibule supérieure du bec des oisillons.
Selon le degré de développement des jeunes à l'éclosion, on divise les oiseaux en deux groupes, les *nidifuges* et les *nidicoles*. Les Gallinacés, les canards et les oies sont des nidifuges typiques : leurs petits naissent couverts de duvet et sont capables de se nourrir par leurs propres moyens. Leur mère se contente de les guider et de les réchauffer.

26

Bernache nonnette [26] *(Branta leucopsis)* et ses oisons.

Couple d'Ouettes des Andes [27] *(Chlœphaga melanoptera)* guidant leurs jeunes.

27

28

La Fauvette des jardins [28] *(Sylvia borin)* est une espèce nidicole.

Mouvement de l'aile au cours du vol.

29

Jeune Chouette lapone [29] *(Strix nebulosa)* encore couverte de duvet.

30

Goélands cendrés [30] *(Larus canus)* en vol plané.

Chez les nidicoles (passereaux, pigeons, pics, etc.), les jeunes sont nus à la naissance ou ne portent qu'un duvet clairsemé ; ils sont aveugles et dépendent entièrement de leurs parents, qui les nourrissent, les réchauffent et veillent à leur propreté.

Le vol

Le vol est le mode de locomotion le plus courant chez les oiseaux, à l'exception de quelques espèces qui ont perdu cette faculté au cours de l'évolution. Le corps de l'oiseau est parfaitement aérodynamique, en forme de poire, avec de grandes surfaces portantes (les ailes). La face supérieure de l'aile étant convexe et la face inférieure concave, le flux d'air accélère et la pression diminue sur la face supérieure, entraînant l'élévation automatique de l'aile, sans effort musculaire.

Le vol plané est le plus simple. Certains oiseaux l'utilisent entre deux séries de battements d'ailes ; d'autres, notamment les oiseaux de grande taille, planent à la

31

L'Albatros hurleur [31] *(Diomedea exulans)* est un voilier exceptionnel.

perfection : pour un vol de 170 m de long, l'Aigle royal ne perd que 10 m de hauteur. Beaucoup de bons planeurs, comme les cigognes, les aigles et les vautours, savent tirer parti des ascendances d'air chaud pour se déplacer ; pour cela, ils possèdent des ailes longues et larges. À l'inverse, les albatros et les pétrels ont des ailes longues et étroites qui leur permettent de franchir de très longues distances presque sans effort en profitant des courants d'air à la surface de l'eau.
Le vol battu est le fait des petits oiseaux, notamment les passereaux, trop petits pour planer. Ce type de vol est beaucoup plus coûteux en énergie que le précédent. Les ailes remuent de haut en bas et d'arrière en avant. Les oiseaux les plus doués pour le vol battu sont les colibris, ou oiseaux-mouches, capable de voler à reculons ou sur place pour se régaler de nectar, grâce à leurs battements d'ailes très rapides.

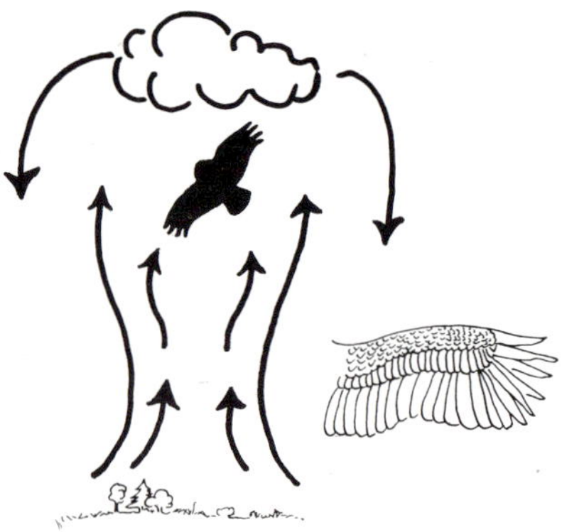

Les oiseaux aux ailes larges et longues utilisent les ascendances d'air chaud pour s'élever.

Le vol plané des albatros, aux longues ailes pointues, est tributaire de la vitesse du vent à la surface de l'eau.

L'évolution

Les oiseaux se sont développés à partir des reptiles, probablement de petits dinosaures, comme l'atteste le squelette merveilleusement conservé d'un oiseau préhistorique, *Archæopteryx lithographica*, découvert en 1860 dans des terrains du jurassique près de Solnhofen, en Bavière. Son âge est estimé à cent quarante millions d'années. À ce jour, six vestiges de cet oiseau ont été découverts, témoignant en faveur de la théorie de l'évolution. *Archæopteryx* présente à la fois des caractères de reptile et des caractères d'oiseau. Il porte un plumage véritable, mais l'aile possède des doigts libres munis de griffes et le bec est pourvu de dents. Il se nourrissait probablement d'insectes et de petits vertébrés. La structure de son squelette suggère qu'il devait voler lourdement, mais suffisamment peut-être pour couvrir de courtes distances.

Reconstitution de l'oiseau préhistorique [32] *Archæopteryx lithographica*.

32

33

Chapitre 2

LES OISEAUX COUREURS

Casoar à casque [33]
(Casuarius casuarius).

L'Autruche, les nandous, les émeus et les casoars sont les plus grands oiseaux vivants. Les connaissances actuelles permettent d'affirmer qu'ils ont des origines diverses et ne sont pas apparentés. Leur point commun est d'avoir perdu la faculté de voler et de compter parmi les plus véloces des coureurs. L'Autruche peut atteindre la vitesse de 90 km/h ; son endurance hors du commun lui permet de soutenir une vitesse moyenne de 50 km/h pour échapper à un véhicule. Appelés ratites, les oiseaux coureurs appartiennent tous à l'ordre des Struthioniformes. Comme les ongulés, les oiseaux coureurs ont un nombre réduit d'orteils, en général trois, et même deux chez l'Autruche. Chez la plupart d'entre eux, l'incubation et l'élevage des jeunes sont confiés au mâle.

Autruche d'Afrique [34] *(Struthio camelus)*

Il n'existe qu'une seule espèce d'autruche, vivant en Afrique. C'est le plus grand oiseau du monde, avec plus de 2,60 m de haut pour un poids de 150 kg. Elle vit en troupes d'importance variable, au voisinage des zèbres et des antilopes, en milieu sec. Herbivore,

34

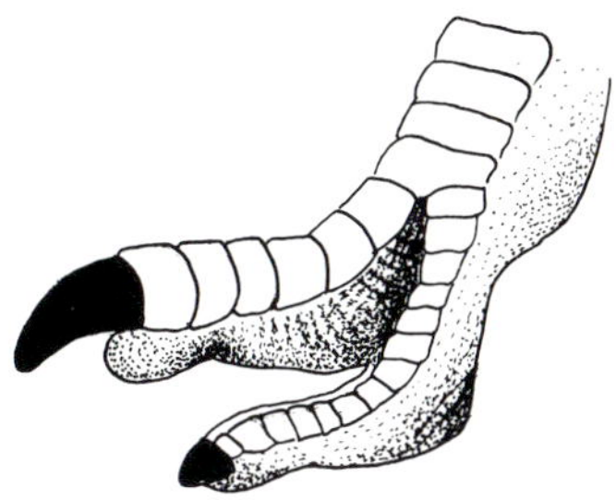

Pied du plus grand oiseau vivant, l'Autruche.

Lorsqu'elle court, l'Autruche peut faire des pas de plus de 3,50 m.

35

36

l'Autruche peut avaler jusqu'à 2 kg de pierres pour broyer les feuilles et les graines qui constituent son alimentation. Pendant la saison de reproduction, les mâles gonflent leur cou et trompettent bruyamment. Au cours de la parade, le mâle s'assied sur les talons, agitant ses belles plumes alaires à la manière d'un éventail. Puis il gratte une cuvette dans le sol, où plusieurs femelles déposent jusqu'à 30 œufs au total. Chaque œuf, de couleur crème, pèse de 1,3 à 1,9 kg. Puis le mâle et la femelle dominante se relaient pour couver. La maturité sexuelle intervient à l'âge de 3 ou 4 ans.

Nandou d'Amérique, Grand Nandou [35] (*Rhea americana*)

Le Nandou d'Amérique vit du nord-est du Brésil au centre de l'Argentine. Il peut atteindre une taille de 1,50 m et un poids de 25 kg. Contrairement à l'Autruche, il niche dans les marais, aime se baigner et sait même nager. Il vit en petites troupes souvent associées à des ongulés sauvages, voire du bétail. Pour nicher, le mâle gratte une cuvette qu'il tapisse d'herbe. Ailes écartées, il attire plusieurs femelles qui pondent de 11 à 18 œufs, parfois plus, pesant 600 g. L'incubation, qui dure de trente-huit à quarante-deux jours, et l'élevage des jeunes sont assurés par le mâle seul.

Nandou de Darwin [36] (*Rhea pennata*)

Plus petit que le Grand Nandou, le Nandou de Darwin vit en Patagonie et dans les Andes. Plus robuste, il possède un plumage épais pour résister à la fraîcheur de son habitat. Il se nourrit de plantes ainsi que d'insectes, de reptiles et de petits rongeurs.

Émeu d'Australie [37] *(Dromaius novæhollandiæ)*

L'Émeu est le second oiseau du monde par la taille (1,50 à 1,90 m), avec un poids de 30 à 45 kg. Très abondant dans toute l'Australie, il se nourrit surtout de plantes et en partie d'insectes. Ce coureur rapide et très endurant possède de robustes pattes pourvues de trois doigts. Les deux sexes sont de coloration semblable et se distinguent par la voix. Le mâle couve seul les gros œufs bleu-vert pesant 500 à 650 g. L'incubation dure de cinquante-six à soixante et un jours, et le mâle s'occupe seul des petits. À l'éclosion, ceux-ci ne pèsent que 1% du poids de l'adulte. Dans les premiers mois de leur vie, ils portent un joli plumage rayé. Ils atteignent la maturité sexuelle à deux ans.

37

38

Casoar à casque [33, 38] *(Casuarius casuarius)*

Le Casoar à casque habite les jungles denses du nord de l'Australie et de Nouvelle-Guinée. Il possède des orteils relativement longs et des griffes acérées qui constituent une

39

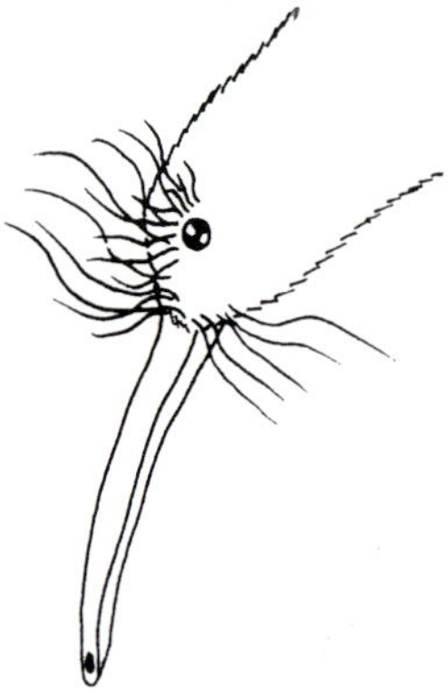

Les narines des kiwis s'ouvrent à l'extrémité du bec.

arme redoutable. Cet oiseau solitaire se nourrit de fruits. Le mâle possède un casque osseux recouvert de corne. Cette espèce atteint 1,50 m de haut et peut peser 58 kg.

Kiwi austral [39] *(Apteryx australis)*

Les kiwis sont les plus petits des ratites et vivent dans les forêts denses de Nouvelle-Zélande. La longueur du corps varie de 35 à 55 cm et le poids de 1,5 à 3,5 kg. Les femelles sont plus grosses que les mâles et leur bec est plus long. Exclusivement nocturne, le Kiwi austral possède de petits yeux, mais il est doté d'un odorat et d'un sens du toucher exceptionnels. Les narines des kiwis ont la particularité unique chez les oiseaux de s'ouvrir à l'extrémité du bec. Ainsi, l'oiseau flaire le sol à la recherche de vers de terre, d'insectes et d'araignées, dont il peut déceler la présence à une profondeur de 15 cm. La femelle pond jusqu'à 3 œufs énormes, représentant chacun 25% de son poids. L'incubation dure de soixante-quatorze à quatre-vingt-quatre jours, et les jeunes sont élevés par le mâle.

Tinamou perdrix [40] *(Nothoprocta perdicaria)*

Proches parents des nandous, les tinamous ne sont pas plus gros que des perdrix et volent avec peine. Au moindre danger, ils s'envolent brusquement pour se poser un peu plus loin, complètement épuisés. Leur cœur et leurs poumons sont les plus petits de la classe des oiseaux, ce qui explique leurs piètres performances. C'est pourquoi ils préfèrent se tapir au sol, comptant sur leur camouflage. Le Tinamou perdrix vit du Mexique à la Patagonie. Pendant la saison des nids, quatre femelles se rassemblent et s'accouplent avec le même mâle, pondent jusqu'à 10 œufs, puis s'en vont à la recherche d'un autre partenaire, laissant le mâle s'occuper seul des œufs et de la nichée.

40

Parade nuptiale d'une femelle de tinamou.

41

Chapitre 3

LES SEIGNEURS DES OCÉANS

Manchot de Humboldt [41] *(Spheniscus humboldti).*

Ce chapitre est consacré aux manchots et à leurs parents, les albatros. L'ordre des Procellariiformes comprend quatre-vingt-dix-huit espèces d'oiseaux océaniques, distingués par leur taille et leur forme : albatros, pétrels et puffins, océanites et puffinures (ou pétrels plongeurs). Il s'agit d'un groupe très ancien, présent sur notre planète depuis vingt-cinq millions d'années environ. Les Procellariiformes sont caractérisés par un bec crochu surmonté de narines tubulaires. Leur odorat développé leur permet de repérer la nourriture, de se reconnaître, et même de se diriger. Ces voiliers remarquables passent la plus grande partie de leur vie à voler au-dessus de mers démontées, et certaines espèces font régulièrement le tour du monde.
Excellents plongeurs, les pétrels plongeurs sont une preuve que les 16 espèces de manchots (ordre des Sphénisciformes), oiseaux les plus doués pour la nage et la plongée, descendent des Procellariiformes. Les manchots ont complètement perdu la faculté de voler, leurs ailes étant modifiées en nageoires. Le plus grand d'entre eux, le Manchot empereur, mesure 1,10 m de haut et pèse plus de 45 kg. Il détient le record de plongée avec une durée de dix-huit minutes et 265 m de profondeur.

Pétrel géant [42, 43] *(Macronectes giganteus)*

Le Pétrel géant est de la taille des goélands, mais son envergure atteint 2 m et sa nourriture est différente. Son bec porte des narines tubulaires très développées. Il se nourrit de cadavres de phoques, de lions de mer et d'éléphants de mer, capture des poissons et des calmars et s'attaque souvent aux petits des manchots et des autres pétrels.

42

43

Damier du Cap [44] *(Daption capense)*

Le Damier du Cap est un petit pétrel de l'hémisphère Sud, nichant en été dans les régions antarctiques et suivant les courants chauds vers le nord en hiver. Lorsqu'il nage, il ne cesse de se tourner d'un côté et de l'autre pour attraper des aliments flottants, évoquant un pigeon en train de picorer.

44

45

Albatros hurleur [45] *(Diomedea exulans)*

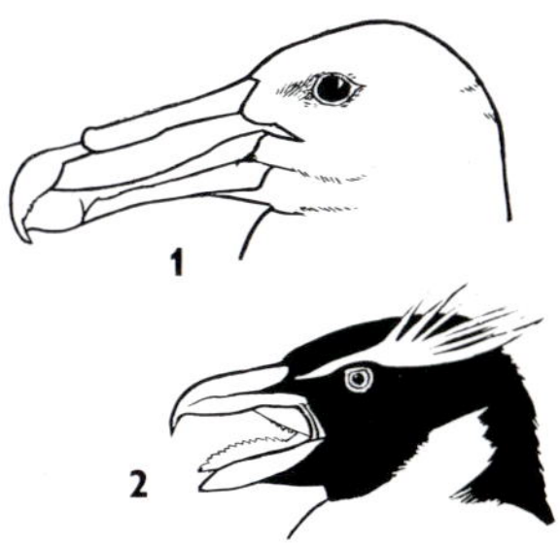

Tête et bec d'un albatros (1) et d'un manchot (2).

Les puffinures, ou pétrels plongeurs, nagent sous l'eau avec les ailes.

C'est l'un des plus grands oiseaux océaniques, avec une longueur de 1,40 m et une envergure de 3,50 m. Il niche dans l'hémisphère Sud, entre 30 et 60 degrés de latitude. Il sait si bien utiliser la force du vent pour se maintenir en l'air qu'il peut couvrir plus de 5 000 km en dix jours presque sans battre des ailes. À terre, en revanche, il est très gauche et ne peut s'envoler qu'avec l'aide d'une rafale de vent pour soulever son corps lourd (jusqu'à 8 kg). Il recherche sa nourriture en vol, capturant des poissons, des calmars et même la venimeuse physalie. Tous les deux ans, les albatros nichent sur des îles isolées. Les mâles arrivent les premiers et paradent dès l'arrivée des femelles. Ailes écartées, le prétendant tourne autour de la femelle en balançant le corps, puis les deux partenaires s'inclinent et font claquer bruyamment leur bec rose. La femelle pond un œuf unique dans le nid fait de végétaux. Les parents se relaient pour couver et l'œuf éclot au bout de quatre-vingts jours. Le jeune est nourri par les deux parents, avec une fréquence irrégulière. À la fin de sa première année, il porte un plumage complet et pèse plus lourd que les adultes. Il est alors abandonné et doit jeûner jusqu'à ce qu'il ait perdu suffisamment de poids pour pouvoir prendre les airs. Les albatros se reproduisent pour la première fois entre 5 et 10 ans.

46

Manchot d'Adélie [46] *(Pygoscelis adeliæ)*

Il existe 16 espèces de manchots, présentes seulement dans l'hémisphère Sud. Le Manchot d'Adélie habite les côtes inhospitalières du continent antarctique, où il vit en colonies de plusieurs milliers de couples. Les manchots sont des nageurs et des plongeurs doués, parfaitement adaptés aux basses températures.

En nage rapide, les manchots bondissent hors de l'eau pour respirer.

47

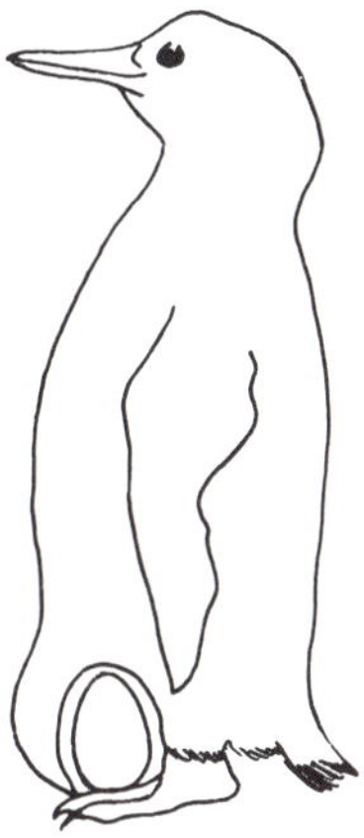

Le Manchot royal et le Manchot empereur, deux espèces de grande taille, couvent leurs œufs dans un repli de la peau abdominale.

Manchot royal [47] *(Aptenodytes patagonica)*

C'est le plus grand manchot après le Manchot empereur, avec 0,95 m de haut pour un poids de 21 kg. Il vit en colonies sur les îles subantarctiques. Le mode de reproduction de ces deux espèces mérite qu'on le décrive. Au cours de la parade nuptiale, le mâle crie bruyamment et attire les femelles par sa façon de marcher et de remuer sa tête colorée. Après la ponte, le mâle roule l'œuf dans un repli de sa peau abdominale pour le tenir au chaud. Quinze jours plus tard, les parents se retrouvent et le mâle roule l'œuf dans le repli abdominal de la femelle. Ils se relaient tous les cinq jours. L'œuf éclot au bout de cinquante-quatre jours. Chacun leur tour, les parents surveillent et nourrissent leur petit de poissons et de calmars. Le jeune atteint la taille adulte au bout de quatre mois.

Gorfou sauteur [48] *(Eudyptes chrysocome)*

De taille moyenne (55 cm de long pour 4,5 kg), ce manchot vit sur des îles subantarctiques et jusque dans le sud de la Nouvelle-Zélande. Ses longues griffes acérées lui permettent de grimper adroitement sur des rochers escarpés.

48

49

50

Manchot de Humboldt [41, 49] *(Spheniscus humboldti)*

Ce manchot porte une large bande noire en travers de la poitrine et possède une plage de peau nue, de couleur chair, autour des yeux. Il mesure environ 65 cm et pèse 4,5 kg. Il niche sur les côtes du Pérou, du nord du Chili et sur de petites îles voisines. Le plumage des manchots est très épais, avec des plumes semblables à des écailles. Les ailes, modifiées en nageoires, peuvent être mues à la vitesse de 120 battements par minute, ce qui permet à l'oiseau d'atteindre une vitesse de 9 à 27 km/h. À grande vitesse, les manchots peuvent sauter hors de l'eau à la manière des dauphins. À terre, ils se tiennent bien droits pour marcher car leurs pattes sont très en arrière du corps.

Manchot de Magellan [50] *(Spheniscus magellanicus)*

À peine plus gros que le Manchot de Humboldt, le Manchot de Magellan est présent sur les côtes du Chili, de Patagonie, de la Terre de Feu et de l'archipel des Malouines. Il niche dans des terriers ou des crevasses. La femelle pond en général 2 œufs dans une cuvette peu marquée. Les deux parents se relaient pour couver pendant quarante-deux jours. Les jeunes ont un duvet épais. Après cent jours seulement, ils changent de plumage et sont alors en mesure de se baigner.

Manchot pygmée, Petit Manchot [51] *(Eudyptula minor)*

Ce manchot nocturne occupe les côtes de la Tasmanie, de la Nouvelle-Zélande et du sud de l'Australie. Il ne mesure que 40 cm pour un poids de 1,3 kg. Malgré sa petite taille, il peut rester plus de six minutes sous l'eau et plonger à une profondeur de 50 à 80 m.

51

52

Chapitre 4

LES MAÎTRES PLONGEURS

Grèbe jougris [52] *(Podiceps grisegena).*

Les « maîtres plongeurs » regroupent les plongeons et les grèbes. Les plongeons, ou Gaviiformes, ne comptent que cinq espèces parfaitement adaptées à leur environnement aquatique. Ils mesurent de 50 cm à 1 m de long et pèsent de 1 à 4,5 kg. Ils vivent sur les Grands Lacs nord-américains ainsi qu'en Europe et dans le nord de l'Asie.

Les plongeons ressemblent aux grèbes, ou Podicipédiformes, comme eux excellents plongeurs. Leur ressemblance est due à la similitude de leurs modes de vie, car plongeons et grèbes (20 espèces) ne sont pas parents. Leur corps hydrodynamique, en forme de cigare, diminue la dépense d'énergie lorsque l'oiseau nage ou plonge. Leur densité élevée les aide à vaincre plus facilement la poussée d'Archimède en plongée. Contrairement aux manchots, ces oiseaux se propulsent à l'aide des pattes. Ils séjournent sous l'eau pendant une minute en moyenne, à une profondeur comprise entre 5 et 50 m. Le Plongeon imbrin atteint même la profondeur de 160 m. Tous ces oiseaux doivent prendre leur élan sur l'eau avant de s'envoler mais, une fois en l'air, ils évoluent à plus de 60 km/h.

Plongeon catmarin [53] *(Gavia stellata)*

C'est le plus petit des plongeons. Il se nourrit principalement de poissons, plus rarement de mollusques et d'insectes. Comme les autres espèces, il émet un cri puissant et plaintif au cours de la saison des nids. Les partenaires s'accouplent à terre et construisent un nid rudimentaire. Les deux parents se relaient pour couver pendant vingt-sept à vingt-neuf jours. Aussitôt après l'éclosion, ils mènent leurs petits à l'eau et les nourrissent. L'âge d'envol est de 2 mois.

53

Le centre de gravité des bons voiliers, comme les goélands et les mouettes (1), est placé à l'avant du corps, tandis que celui des bons plongeurs,

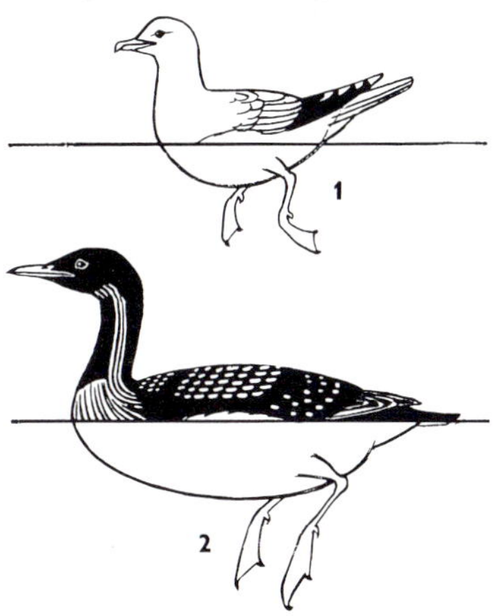

comme les plongeons (2), est placé à l'arrière. La densité corporelle élevée de ces derniers facilite la plongée.

54

Plongeon arctique [54, 55] *(Gavia arctica)*

Le Plongeon arctique niche dans la zone polaire de l'hémisphère Nord et jusqu'en Écosse, sur des lacs qu'il quitte en hiver pour gagner l'intérieur des terres, mais il hiverne aussi en mer. Les adultes perdent alors leur superbe plumage nuptial gris-noir pour une livrée brun-gris. Ils sont très agressifs et leurs luttes pour la possession d'un territoire se terminent parfois par la mort de l'un des protagonistes.

55

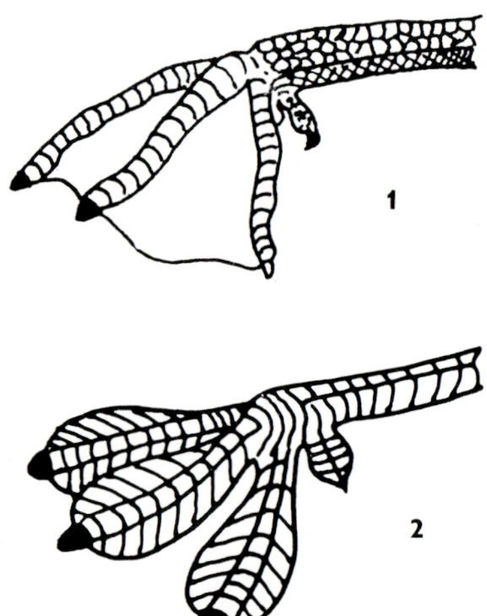

Pied d'un plongeon (1) et d'un grèbe (2).

Grèbe huppé [56] *(Podiceps cristatus)*

Le Grèbe huppé se reproduit au bord des lacs et rivières d'Europe, d'Asie, d'Afrique et d'Australie. Il peut peser 1 kg. Il possède deux crêtes noires et deux plumets sur les côtés de la tête, qui jouent un rôle important au cours de la parade nuptiale. Les deux partenaires se dressent sur l'eau, poitrine contre poitrine, et secouent vigoureusement la tête. Dans leur bec, ils tiennent, en gage du futur nid, une touffe de végétaux arrachés au fond de l'eau. Tous les grèbes ont un plumage épais constitué de quelque 20 000 plumes. Leurs orteils, contrairement à ceux des plongeons, ne sont pas palmés mais portent des lobes de peau ; leurs griffes sont plates comme des ongles, leur bec est long et pointu et leur queue est insignifiante. À l'aide de végétaux aquatiques, les parents construisent un nid flottant où la femelle pond de 2 à 6 œufs allongés. Lorsqu'ils quittent le nid, les parents recouvrent les œufs de végétaux en décomposition, ce qui a pour effet de colorer en brun les œufs couleur crème. Les parents commençant à couver dès la ponte du premier œuf, les éclosions s'échelonnent tous les deux jours.

Le Grèbe huppé parade en tenant des plantes dans son bec pour symboliser la construction du nid.

56

57

Grèbe esclavon [57] *(Podiceps auritus)*

Le Grèbe esclavon vit dans les régions polaires d'Europe, d'Asie et d'Amérique du Nord, où il fréquente des lacs bordés d'une végétation épaisse. Menacé, il plonge et va se cacher. Il s'envole rarement et doit alors battre rapidement ses courtes ailes, dépassant 60 km/h. Il construit un nid flottant. Le premier jeune éclot au bout de vingt-cinq jours ;

58

59

il est alors recouvert d'un épais duvet rayé de noir. Bien que les jeunes soient capables de nager et de plonger dès la naissance, l'un des parents les porte sur son dos, cachés entre les plumes, tandis que l'autre les ravitaille en petits poissons et en insectes.

Grèbe à cou noir [58] *(Podiceps nigricollis)*

Ce grèbe niche en Europe, en Asie et en Afrique du Nord sur des étangs et lacs bordés d'une végétation épaisse. En migration, ces oiseaux peuvent également être aperçus sur des rivières et des lacs. En hiver, ils perdent leur magnifique livrée nuptiale et deviennent incapables de voler pendant trois ou quatre semaines, car ils muent toutes leurs plumes de vol à la fois. Ils se reproduisent de la même manière que les autres espèces. Les grèbes adultes avalent régulièrement de petites plumes et ont pour habitude d'en donner à leurs jeunes, probablement pour protéger les parois de l'intestin contre les arêtes de poisson.

Grèbe castagneux [59] *(Tachybaptus ruficollis)*

C'est le plus petit des grèbes européens. On le trouve également en Asie, en Afrique et en Indonésie. Il se reproduit sur de petits étangs à la végétation dense. Moins coloré que les autres espèces, il a une tête brun-rouge et porte une tache claire au bec. Discret, il ne révèle sa présence que par son beau chant. On a longtemps cru qu'il s'agissait du chant du mâle, mais l'analyse des enregistrements a révélé qu'il s'agissait d'un duo. Le mâle commence, rejoint une fraction de seconde plus tard par sa partenaire.

60

Chapitre 5

LES PÊCHEURS D'ÉLITE

Pélican blanc [60] *(Pelecanus onocrotalus)*.

Position des ailes adoptée par les fous et les phaétons pour plonger.

L'ordre des Pélécaniformes comprend 57 espèces (les phaétons, les frégates, les cormorans, les fous et les pélicans). Tous ces oiseaux sont de taille variable : entre 300 et 700 g chez les phaétons et jusqu'à 13 kg chez les pélicans. Leur premier point commun est leur adaptation à la pêche, selon des techniques propres à chaque famille. Le second est d'avoir les quatre doigts palmés. Leur poche gulaire, leur œsophage et leur estomac extensible leur permettent d'avaler de grandes proies. Certains ont une langue rudimentaire qui les aide à avaler les gros poissons.

Phaéton à bec rouge, Grand Phaéton [61] *(Phæton æthereus)*

Les phaétons fréquentent les mers tropicales. Le Phaéton à bec rouge est un excellent voilier qui ne craint pas de prendre le large. Long de 30 cm, il possède deux rectrices centrales longues de 60 cm. Il capture les poissons en plongeant en piqué d'une hauteur de 15 m.

61

62

Fou de Bassan [62] *(Morus bassanus)*

C'est le plus connu des fous. Il habite l'Atlantique Nord. Le bec des fous est dentelé pour maintenir les poissons. Ce sont de très bons voiliers. Pour capturer sa proie, en vol, le Fou de Bassan bascule sur le côté et plonge, ailes repliées, à la vitesse de 100 km/h. Il peut ainsi atteindre une profondeur de 10 m. Son crâne renforcé et les sacs aériens de son cou le protègent du choc, tandis que ses narines extérieures n'existant pas, l'eau ne peut alors pénétrer dans les voies respiratoires. Le Fou de Bassan avale ses proies dans l'eau.

Grand Cormoran [63] *(Phalacrocorax carbo)*

Le Grand Cormoran est présent en Europe, en Asie, en Afrique, en Amérique du Nord et en Australie. Ce nageur émérite se propulse à l'aide de ses pattes. Son plumage n'est pas étanche, ce qui augmente sa densité corporelle et facilite la plongée, mais l'oiseau doit consacrer beaucoup de temps au séchage de ses plumes après la pêche. L'adresse des cormorans est mise à profit par les pêcheurs chinois et japonais, qui font pêcher des cormorans apprivoisés attachés à de longues cordes de soie. À l'aise en vol, ces oiseaux nichent dans les arbres en grandes colonies. Ce cormoran est en extension en France ainsi que dans d'autres pays.

Cormoran de Bougainville [64] *(Phalacrocorax bougainvillei)*

Les Cormorans de Bougainville nichent par millions sur les côtes du Pérou. Leurs excréments, le guano, donnent un excellent engrais vendu à l'exportation. Cet oiseau est en déclin à cause de la surexploitation des bancs d'anchois, leur nourriture principale.

63

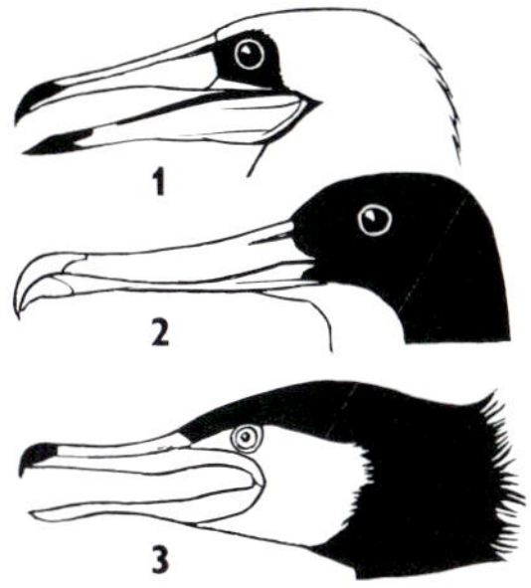

Tête et bec d'un fou (1), d'une frégate (2) et d'un cormoran (3).

La palmure des Pélécaniformes englobe les quatre doigts.

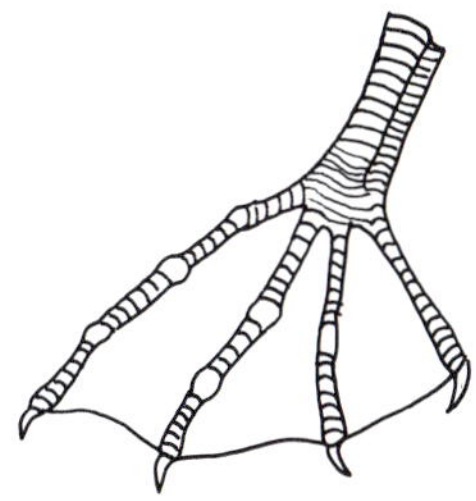

Anhinga d'Amérique, Anhinga noir [65] *(Anhinga anhinga)*

Habitants des tropiques, les anhingas sont des proches parents des cormorans. Plongeurs confirmés, ils nagent en ne laissant que la tête et le cou hors de l'eau. Au repos,

64

Après la pêche, cormorans et anhingas doivent sécher leurs plumes.

65

leur cou a la forme d'un S, comme celui des hérons. Dès que l'oiseau est suffisamment près de sa proie, il projette la tête en avant comme un harpon et empale le poisson sur son bec effilé. Les anhingas doivent sécher longuement leur plumage après la pêche. L'Anhinga d'Amérique vit sur les îlots et les lacs du sud de l'Amérique du Nord jusqu'au nord de l'Amérique du Sud.

66

67

Pélican brun [66] *(Pelecanus occidentalis)*

Le Pélican brun vit dans les régions côtières chaudes du continent américain. Au Pérou, de grandes colonies produisent d'énormes quantités de guano. Le Pélican brun se distingue des autres pélicans par sa méthode de pêche : volant entre 10 et 15 m au-dessus de la surface, il plonge ailes repliées, crevant l'eau jusqu'à 2 m de profondeur. Il capture le poisson dans sa poche gulaire extensible. Comme tous les pélicans, il vole bien. Il niche à terre ou dans les arbres et la femelle pond en général 2 œufs. Les jeunes éclosent au terme de trente-trois jours et sont aveugles et nus, comme chez tous les Pélécaniformes. L'âge d'envol est de 2 à 3 mois.

Frégate superbe [67] *(Fregata magnifiscens)*

C'est la plus grande des frégates, avec une envergure de plus de 2 m. Elle vit des Galapagos jusqu'en Afrique de l'Ouest. Bien que capables de chasser par leurs propres moyens, les frégates harcèlent les autres oiseaux pour les forcer à dégorger leurs proies, qu'elles avalent en vol. Au cours de la parade nuptiale, le mâle gonfle sa poche gulaire d'un rouge éclatant.

68

Bec-en-sabot du Nil [68] *(Balæniceps rex)*.

Chapitre 6

LES BRETTEURS AU LONG BEC

L'ordre des Ciconiiformes comprend cent treize espèces et ses représentants sont présents dans le monde entier : hérons et butors (Ardéidés), ibis et spatules (Threskiornithidés), cigognes (Ciconiidés), Ombrette et Bec-en-sabot. Tous ces oiseaux sont carnivores et possèdent de grandes pattes que l'oiseau en vol allonge loin derrière la queue au lieu de les replier. On les reconnaît à leur long cou élancé et à leur bec pointu. Les plus petits des hérons ne pèsent que 100 g, contre 6 à 7 kg pour les cigognes, dont l'envergure dépasse 2,50 m. Ils chassent en marchant dans l'eau et leur nourriture se compose de poissons, de batraciens, de petits mammifères et d'invertébrés ; seuls les marabouts sont charognards. Les Ciconiiformes ont une langue courte, un œsophage et un estomac extensibles, mais sont dépourvus de jabot. Ils forment des couples stables et nichent souvent en colonies ou dans les roselières. À l'éclosion, les jeunes ont les yeux ouverts, et les parents les nourrissent en régurgitant la nourriture soit dans le bec du petit, soit dans le nid.

Héron cendré [69] *(Ardea cinerea)*

Le Héron cendré est présent en Europe, en Asie et en Afrique. Grâce à leur sixième vertèbre cervicale allongée, les hérons ont un cou en forme de S qui leur permet de projeter vivement la tête en avant afin de harponner leurs proies avec le bec. Grâce à leurs longs orteils, ils sont non seulement capables de marcher sur la vase, mais aussi de se déplacer adroitement parmi les arbustes et les roseaux. Comme tous les hérons, le Héron cendré enduit son plumage de la poudre produite par son duvet, et non de

69

secrétion uropygienne. Cet oiseau, aujourd'hui en augmentation, s'attire parfois l'inimitié des pêcheurs, rarement justifiée par les études scientifiques.

Héron garde-bœufs [70] *(Bubulcus ibis)*

Les hérons garde-bœufs accompagnent les troupeaux d'ongulés sauvages ou domestiques et capturent adroitement les insectes et les petits vertébrés dérangés par les grands mammifères. Originaire d'Afrique et d'Inde, cette espèce s'est répandue sur les cinq continents.

Bihoreau gris, Héron bihoreau [71] *(Nycticorax nycticorax)*

Présent sur tous les continents à l'exception de l'Australie, ce joli petit héron est actif à l'aube et au crépuscule. Il se nourrit de poissons, de batraciens et d'insectes. Il chasse aussi en plein jour, surtout en saison de reproduction.

Butor étoilé, Grand Butor [72] *(Botaurus stellaris)*

Le Butor étoilé mène une vie discrète dans les roselières épaisses d'Europe, d'Asie, d'Afrique du Nord et du Sud. Il vole rarement ; inquiété, il dresse le cou et le bec vers le ciel et garde l'immobilité la plus totale. Son plumage camouflé le rend difficilement repérable parmi les tiges des roseaux. Il ne trahit sa présence que par son chant profond, amplifié par le gonflement de l'œsophage et semblable à un mugissement sourd, qui lui a valu le surnom de « bœuf des marais ».

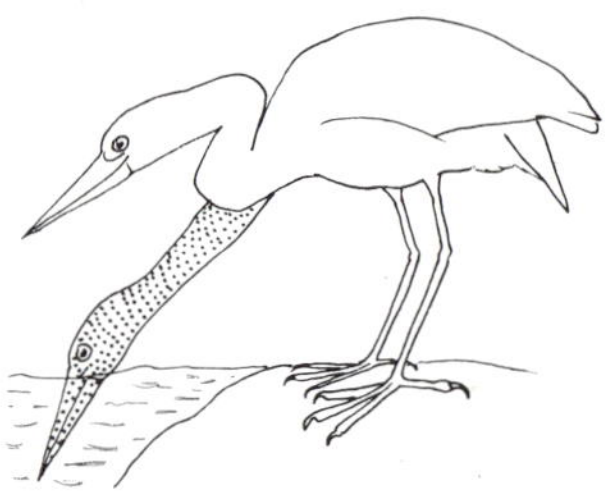

Au repos, le cou des hérons est maintenu en forme de « S » par les ligaments des vertèbres. À la vue d'une proie, les ligaments se relâchent et la tête est projetée en avant comme un harpon.

70

71

72

Cigogne blanche [73] *(Ciconia ciconia)*

La Cigogne blanche vit en Europe, en Asie et en Afrique du Nord. Habituée à la présence de l'homme, elle construit son nid sur les habitations. À l'échelle mondiale, la Cigogne blanche est en déclin continu et a déjà disparu de plusieurs pays d'Europe. Toutefois, elle effectue un retour encore fragile dans plusieurs régions de France. L'attachement des cigognes à leur nid est spectaculaire. Certains nids sont utilisés depuis quatre cents ans et pèsent parfois près d'une tonne, car les oiseaux les réparent chaque année, ajoutant sans cesse de nouveaux matériaux. Pour communiquer, les deux partenaires claquent bruyamment du bec. Leurs vocalisations sont pauvres et limitées à quelques soufflements. La femelle pond 3 ou 4 œufs, couvés par les deux parents pendant trente-trois jours environ. Les jeunes sont sexuellement mûrs à l'âge de 3 ans. Les cigognes européennes hivernent en Afrique au sud du Sahara. Les populations de l'ouest du continent migrent par Gibraltar, les populations de l'est par le détroit du Bosphore.

Ombrette africaine [74] *(Scopus umbretta)*

L'Ombrette vit en Afrique. Cette petite espèce ne dépasse pas 50 cm de long. Elle occupe la végétation dense qui borde les rivières et les lacs, où elle bâtit le plus surprenant des nids. La construction, qui dure plusieurs semaines, est une énorme boule de 1,8 m de diamètre assemblée par les deux partenaires à l'aide de branchettes amalgamées par de la boue. Placé à l'intersection de grosses branches, ce nid comprend une « chambre » de 30 cm de diamètre. Un tunnel d'entrée y aboutit par-dessous.

Jabiru d'Afrique [75] *(Ephippiorhynchus senegalensis)*

Cette espèce, l'une des plus belles et des plus grandes cigognes (1,30 m de haut), habite l'Afrique tropicale. Son bec possède une sorte de bouclier jaune en forme de

73

74

75

selle. Mais le bec le plus remarquable est celui du Bec-en-sabot (68). Énorme, il ressemble à un sabot, la mandibule supérieure se terminant par un crochet. Cet oiseau pêche les poissons dans la végétation dense. Au cours de la parade, les deux partenaires claquent du bec à la manière des cigognes. Le Bec-en-sabot vit sur le cours supérieur du Nil, en Afrique orientale.

76

Jabiru d'Amérique [76] *(Jabiru mycteria)*

Le Jabiru d'Amérique est la plus grande cigogne d'Amérique latine et l'un des plus grands oiseaux volants de ce continent. Son formidable bec noir légèrement recourbé est aussi massif que celui des marabouts. Mais, contrairement à ceux-ci, le Jabiru d'Amérique n'est pas un charognard et se nourrit de poissons, de batraciens et de reptiles, qu'il capture dans les marais. Il habite les grandes plaines d'Amérique du Sud et au Mexique ; on le rencontre parfois en Floride.

Tantale indien [77] *(Mycteria leucocephala)*

Le Tantale indien est une cigogne colorée du sud de l'Asie. Sa curieuse méthode de chasse consiste à immerger le bec entrouvert jusqu'au-dessus des yeux et à le promener lentement sur le fond en quête de poissons et autres vertébrés aquatiques. Les parades commencent avec l'arrivée de la mousson. Les deux partenaires hérissent le duvet sous-caudal, poussent des cris rauques et se saluent par des claquements de bec. Ces oiseaux nichent en colonies dans les arbres. Ce sont de bons voiliers ; comme toutes les cigognes et contrairement aux hérons, ils tendent le cou en vol et se servent des ascendances d'air chaud pour s'élever sans effort des heures durant. Ces ascendances ne se formant pas au-dessus de l'eau, les cigognes franchissent les mers par les détroits.

77

78

Spatule rosée [78] *(Platalea ajaja)*

Proche parente des ibis, la Spatule rosée vit en Amérique latine. Les spatules se distinguent par leur bec élargi et aplati à l'extrémité. Elles recherchent leur nourriture dans les eaux peu profondes : immergeant la pointe sensible du bec, elles balancent celui-ci d'un côté à l'autre, fouillant la vase pour y dénicher des crustacés, des insectes, des vers et des poissons. Elles mangent également des végétaux.

Ibis sacré [79] *(Threskiornis æthiopicus)*

Les ibis ont le bec recourbé. L'Ibis sacré était autrefois répandu en Égypte, où on le vénérait voici plus de cinq mille ans. Il personnifiait Thot, dieu de la Sagesse, représenté avec une tête d'ibis. C'était le divin scribe des dieux, qui écrivait le destin de chacun. De nos jours, l'Ibis sacré habite l'Afrique au sud du Sahara, le long des lacs et des rivières, ainsi que sur les côtes. Il niche en colonies dans les papyrus ou dans les arbres. La femelle pond 3 ou 4 œufs, couvés par les parents pendant vingt et un jours.

79

Ibis rouge [80] *(Eudocimus ruber)*

Cet ibis vit en Amérique du Sud. Comme les cigognes, les ibis volent cou tendu, mais utilisent rarement les ascendances d'air chaud. Ils volent souvent en formation en V. L'Ibis rouge se nourrit de petits animaux, crustacés, insectes, mollusques, d'œufs de reptiles et d'oiseaux, qu'il ouvre adroitement à l'aide de son bec à l'extrémité sensible.

80

82

Flamant rose [81, 82] *(Phœnicopterus ruber)*

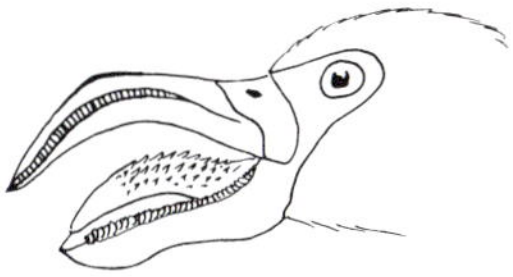

Le bec des flamants est conformé pour filtrer l'eau et la boue.

Les flamants forment l'ordre des Phœnicoptériformes, qui ne comprend que 5 espèces réparties en Europe, en Asie, en Afrique et en Amérique du Sud. Très anciens, ils sont apparus il y a 40 millions d'années. Si leur anatomie les rapproche des cigognes, certains détails soulignent leur parenté avec les canards et les limicoles. Leur taille varie de 0,90 à 1,80 m et leur poids de 2 à 4 kg. Leurs pieds sont palmés, leur permettant de nager. Leur bec est unique chez les oiseaux : courbé à angle droit, il est posé à l'envers sur le fond vaseux, les nombreuses lamelles cornées filtrant la vase et l'eau. Les flamants se nourrissent principalement d'algues et de crustacés, où ils trouvent les caroténoïdes roses et rouges à l'origine de la coloration de leurs plumes. La femelle du Flamant rose pond 2 œufs dans une cuvette peu profonde au sommet d'un monticule de boue. Les parents nourrissent leurs petits avec la sécrétion rouge vif de leur jabot.

83

Cygne tuberculé [83] *(Cygnus olor)*.

Chapitre 7 LES BARBOTEURS

Les oies, les canards et les cygnes font partie de l'ordre des Ansériformes, soit 159 espèces. Tous ont un bec caractéristique muni d'un onglet corné à l'extrémité, de dentelures sur les bords et de lamelles cornées. Leurs palmes, qui englobent trois de leurs doigts, la forme de leur corps et la densité de leur plumage trahissent une parfaite adaptation à la vie aquatique. Les Ansériformes muent toutes leurs plumes de vol à la fois, ce qui leur interdit de voler pendant quelque temps et les contraint à se dissimuler dans les roselières. Malgré ces points communs, les Ansériformes diffèrent beaucoup par la taille et la silhouette. Les oies naines ne pèsent que 200 g, contre 10 kg pour le Cygne trompette d'Alaska. Chez les oies et les cygnes, le mâle surveille le nid et la nichée, au contraire des canards, qui abandonnent les canes. Les jeunes sont nidifuges et, peu de temps après l'éclosion, accompagnent leur mère dans l'eau et se nourrissent seuls, la femelle se contentant de les réchauffer.

Kamichi à collier [84] *(Chauna torquata)*

De la taille d'une oie, le Kamichi à collier vit en Amérique du Sud. Contrairement aux autres Ansériformes, les kamichis ont un bec crochu, des pattes non palmées et portent des éperons cornés défensifs sur le rebord antérieur de l'aile.

Les têtes des oies herbivores et des canards :
Tête de l'Oie cygnoïde (1), de l'Oie de Ross (2), de la Bernache à cou roux (3), du Canard à crinière (4), de l'Ouette des Andes (5) et du Céréopse cendré (6).

84

85

Canaroie semipalmée, Oie pie [85] *(Anseranas semipalmata)*

La Canaroie semipalmée vit dans les marécages du nord de l'Australie et de Nouvelle-Guinée. À l'aide de son bec robuste, elle déterre les tubercules qui constituent l'essentiel de sa nourriture. Elle se distingue par sa palmure réduite. Fait unique chez les Ansériformes, elle nourrit ses oisons.

86

Dendrocygne veuf [86] *(Dendrocygna viduata)*

Le Dendrocygne veuf vit en Amérique du Sud, en Afrique et à Madagascar. Plus petits que le Canard colvert, les dendrocygnes, ou canards siffleurs, ont des pattes relativement longues et se perchent volontiers dans les arbres. Ils ne vivent que sous les tropiques et ont pour particularité d'émettre un long sifflement audible de très loin. Chaque aile porte une rémige modifiée dont la vibration produit une sorte de son de cloche lorsque l'oiseau vole. Comme les oies, dont ils sont de proches parents, les dendrocygnes forment des couples fidèles à vie. Les partenaires manifestent leur attachement réciproque en se lissant mutuellement les plumes de la tête et du cou. Les parents se relaient pour couver les œufs pendant vingt-sept à trente jours et s'occupent ensemble des jeunes.

Coscoroba blanc, Cygne coscoroba [87] *(Coscoroba coscoroba)*

C'est le plus petit des cygnes. Apparenté au Canard mandarin, le Coscoroba blanc vit en Amérique du Sud. Comme chez tous les cygnes, les couples sont fidèles à vie. Les liens conjugaux et familiaux sont renforcés chaque jour par la cérémonie du « cri de triomphe » : après avoir chassé un intrus, le mâle retourne vers les siens en poussant un cri puissant, auquel la femelle et les jeunes répondent par d'énergiques battements d'ailes.

87

88

Cygne noir [88] *(Cygnus atratus)*

Habitant de l'Australie, le Cygne noir est comme un négatif des autres cygnes. Il a des plumes noires, ondulées, et seules les rémiges sont blanches. Le bec est d'un superbe rouge corail. Les parents se relaient pour couver et, plus tard, ils transportent les jeunes à la livrée gris pâle sur leur dos, entre les ailes.

89

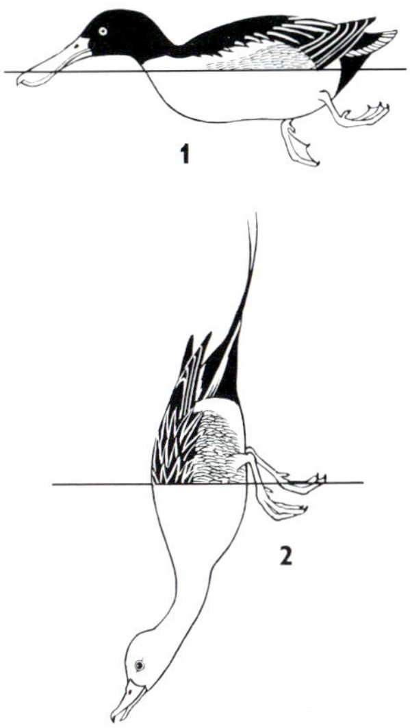

Les canards de surface se nourrissent depuis la surface (1) ou culbutent lorsque l'eau est plus profonde (2).

90

Oie cendrée [89] *(Anser anser)*

Les oies ont un bec fort dont les rebords dentelés leur servent à couper l'herbe. En effet, ce sont des herbivores, capables de digérer la cellulose grâce aux bactéries contenues dans leur intestin. L'Oie cendrée se reproduit dans toute l'Europe et en Asie. C'est l'ancêtre des nombreuses variétés d'oies domestiques. Une autre espèce, l'Oie cygnoïde, ou Oie d'Orient, a été domestiquée en Chine. Les oies sont fidèles à vie. Mâle et femelle ont la même coloration. Le mâle protège la femelle qui couve et les deux parents s'occupent des jeunes.

Oie à tête barrée [90] *(Anser indicus)*

L'Oie à tête barrée est répandue sur les lacs de montagne du Pamir, de l'Altaï et du Tibet. C'est le seul Ansériforme adapté à l'altitude. Son hémoglobine peut en effet retenir beaucoup plus d'oxygène que celle des autres oiseaux. Pour migrer vers ses quartiers d'hiver en Inde, cette oie survole la chaîne himalayenne à l'altitude de 8 500 m.

91

Bernache néné [91] *(Branta sandvicensis)*

La Bernache néné fréquente les pentes volcaniques désolées des îles Hawaii, une région souvent baignée par le brouillard et arrosée par des pluies torrentielles. Sur ces pentes, elle s'est adaptée à la vie terrestre et possède des palmures réduites. Comme toutes les bernaches, elle a un bec court qui lui permet de brouter la végétation rase. Bien que la Bernache néné soit le seul Ansériforme porté par un emblème national, elle est aujourd'hui menacée d'extinction, la population actuelle étant composée d'individus relâchés après avoir été élevés en captivité.

92

93

94

Ouette d'Égypte [92] (*Alopochen ægyptiacus*)

L'Ouette d'Égypte fait partie d'un groupe de transition entre les oies et les canards, dont elle est le représentant africain. C'est un oiseau très agressif, qui n'hésite pas à attaquer des prédateurs beaucoup plus gros qu'elle pour défendre sa nichée. On a vu des mâles sauvant leurs jeunes des serres d'un aigle par une attaque vigoureuse. Cette combativité apparaît également pendant la formation du couple, lorsque la femelle incite son partenaire à attaquer d'autres oiseaux. Sa victoire, célébrée par de sonores cris de triomphe, est nécessaire à l'établissement d'un lien conjugal durable.

Brassemer des Malouines, Canard-vapeur des Falklands [93] (*Tachyeres brachypterus*)

Inapte au vol, le Brassemer des Malouines vit dans les îles du même nom. Ses ailes courtes sont adaptées à la vie dans les eaux côtières. En cas de danger, il frappe l'eau de ses pieds et de ses ailes pour aller plus vite. Il évoque alors un bateau à aubes filant à toute vapeur.

Sarcelle d'été [94] (*Anas querquedula*)

La Sarcelle d'été, qui vit en Europe et en Asie, est un canard de surface, c'est-à-dire qu'elle recherche sa nourriture en barbotant à la surface de l'eau. Elle plonge le bec dans l'eau, l'entrouvre et aspire l'eau par de rapides mouvements de la langue. Les récepteurs tactiles de celle-ci l'aident à séparer la nourriture de la vase et de l'eau, qui sont expulsées par les commissures de la bouche. Lorsque l'eau est un peu plus profonde, l'oiseau culbute train en l'air et tête sous l'eau pour fouiller le fond. La Sarcelle d'été compte parmi les meilleurs voiliers, et peut dépasser 100 km/h en vol.

95

96

Canard bleu [95] *(Hymenolaimus malacorhynchus)*

Ce canard vit en Nouvelle-Zélande, au bord des torrents de montagne. L'extrémité de son bec porte deux protubérances qui agissent comme des ventouses permettant à l'oiseau de se retenir aux rochers. Le Canard bleu se nourrit de larves, d'insectes aquatiques et d'algues. La Merganette des torrents, qui niche en Amérique du Sud, est adaptée au même milieu de vie et a un mode d'alimentation similaire.

Nette rousse [96] *(Netta rufina)*

La Nette rousse, espèce d'Europe et d'Asie centrale, est un canard plongeur, c'est-à-dire qu'elle plonge pour se nourrir. Son corps est plus bas sur l'eau et plus hydrodynamique que celui des canards de surface. En plongée, elle se propulse à l'aide des pattes, qui se meuvent très en arrière du corps. Elle peut ainsi vaincre la poussée d'Archimède et se plaquer contre le fond. Pour remonter à la surface, il lui suffit de cesser de battre des pattes et la pression de l'eau la soulève sans effort. Elle peut plonger à 5 m de profondeur pendant vingt à soixante secondes. Elle se nourrit de mollusques, de vers, d'insectes et de végétaux aquatiques.

Fuligule de Baer [97] *(Aythya bæri)*

Ce canard plongeur d'Asie orientale hiverne en Chine, au Japon et en Inde. Il peut plonger à 2 ou 3 m de profondeur.

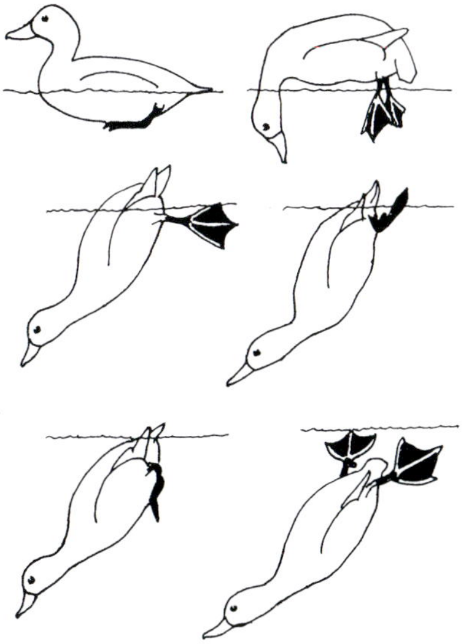

Les canards plongeurs
se propulsent avec les pieds.

97
98

99

Canard à ailes blanches [98] *(Cairina scutulata)*

À l'instar de l'Anserelle élégante et du Canard carolin, le Canard à ailes blanches vit dans les arbres. Il a de larges ailes qui lui permettent de manœuvrer adroitement entre les branches, sur lesquelles il se pose avec agilité grâce à ses longues griffes. Il niche dans des trous d'arbres. Le Canard à ailes blanches habite les étangs inaccessibles des forêts marécageuses. Mais, au cours du siècle écoulé, ses effectifs ont diminué de 95% en raison de la destruction massive des forêts de plaine. Aujourd'hui, on le considère comme une espèce menacée, proche de l'extinction. Récemment, une population de 200 oiseaux nicheurs seulement a été relevée en Inde, en Birmanie, au Viêt-nam, en Thaïlande et à Sumatra. Des lâchers d'oiseaux élevés en captivité sont pratiqués afin de sauver l'espèce, conjointement à une protection réelle de la forêt.

Anserelle élégante [99] *(Nettapus pulchellus)*

C'est le plus petit des Ansériformes : les adultes mesurent 30 cm de long pour un poids de 260 g, soit la taille d'une tourterelle et quarante fois moins que les cygnes. L'Anserelle élégante est répandue en Nouvelle-Guinée et dans le nord de l'Australie, où elle vit sur des lacs envahis de végétation. Elle se nourrit de plantes, de petites graines, de pousses et de boutons de nénuphars et autres plantes aquatiques. Elle sait également chasser avec adresse de petits animaux aquatiques. Les couples se rassemblent en petites troupes à la saison sèche. À la saison des pluies, cette oie niche dans un trou d'arbre, où la femelle pond entre 8 et 12 œufs.

Eider à duvet [100] *(Somateria mollissima)*

Les eiders sont des canards marins qui fréquentent les côtes arctiques et les côtes septentrionales d'Europe, d'Asie et d'Amérique du Nord. L'Eider à duvet est un excellent plongeur, capable de descendre à une profondeur de 15 m, voire 50 m. Il possède un bec puissant pour capturer sur le fond coquillages, crustacés et oursins, qu'il avale entiers. En effet, son gésier puissant broie les coquilles les plus dures. En été, il consomme aussi des baies, des graines et des feuilles. Il niche généralement en colonies. La femelle, au plumage camouflé, couve pendant vingt-cinq à vingt-huit jours sans se nourrir. En cas de danger, elle défèque sur les œufs : l'odeur nauséabonde de ses fientes repousse les prédateurs tels que le Renard polaire et les chiens. Pour nicher, elle tapisse le nid de duvet arraché de sa propre poitrine. Ces plumes sont utilisées pour rembourrer couettes, duvets et vêtements chauds. Aucun équivalent artificiel n'a été découvert à ce jour. Le duvet est surtout récolté par les Esquimaux. En Islande, c'est une source de revenu pour les éleveurs : il existe deux cents fermes à eiders représentant un total de 250 000 oiseaux.

100

101

Harle couronné [101] *(Mergus cucullatus)*

Le Harle couronné vit au bord des rivières et des lacs forestiers d'Amérique du Nord. Excellent plongeur, il se nourrit de petits poissons, d'insectes, ainsi que de graines.

Harle piette [102] *(Mergus albellus)*

Le Harle piette est un représentant d'un groupe comprenant les harles et les garrots, qui comptent tous parmi les meilleurs canards plongeurs. Certains plongent jusqu'à 50 m de profondeur et peuvent séjourner sous l'eau pendant trois à six minutes. Les harles se distinguent par leur bec long, effilé, dentelé, adapté à la capture des poissons. Le Harle piette vit dans les pays scandinaves, et dans le nord de l'Asie. Il niche dans des trous d'arbres et utilise souvent des cavités creusées par le pic noir.

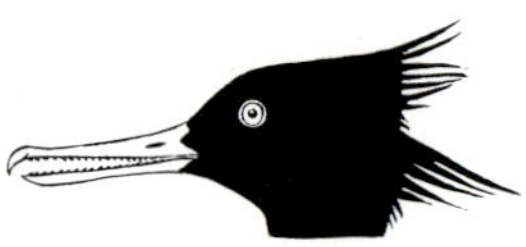

Piscivores, les harles ont un bec étroit.

102

Hétéronette à tête noire [103] *(Heteronetta atricapilla)*

L'Hétéronette à tête noire fréquente les lacs du Chili et d'Argentine. Contrairement aux érismatures, elle ne possède pas de rectrices allongées. Son parasitisme est unique chez les canards : à peu de temps d'intervalle, elle pond 2 œufs dans les nids d'autres espèces, comme les râles, les hérons et le Caracara huppé. Les jeunes éclosent au bout de vingt et un jours.

103

Chapitre 8

LES CHASSEURS DU JOUR

Busard des roseaux, Harpaye [104] *(Circus æruginosus).*

Autrefois, tous les rapaces étaient classés ensemble. Aujourd'hui, l'ordre des Falconiformes incluent les sous-ordres des Cathartae *(7 espèces), des* Accipiter *(236 espèces), des* Sagittarii *(1 espèce) et des* Falcones *(61 espèces). Les ressemblances entre ces oiseaux – bec puissant et crochu, pattes robustes aux serres acérées – sont en fait le résultat d'adaptations indépendantes d'oiseaux non parents à la même méthode de capture des proies, un phénomène appelé « convergence évolutive ». Les différentes espèces se sont spécialisées sur des proies différentes. Les vautours ne chassent pas mais se nourrissent de cadavres. Le Palmiste africain se nourrit même de fruits.*

Urubu à tête rouge [105] *(Cathartes aura)*

L'Urubu à tête rouge est un petit vautour américain. Bien qu'ils ressemblent aux vautours de l'Ancien Monde et, comme eux, se nourrissent de cadavres et sont de parfaits planeurs, les urubus et condors (Cathartidés) sont en réalité plus proches des cigognes et sont souvent classés parmi les Ciconiiformes. Ils localisent les charognes grâce à leur vue perçante et à un odorat très fin.

105

Condor des Andes [106] *(Vultur gryphus)*

106

Cet habitant des Andes est l'un des plus grands oiseaux volants du monde, avec une envergure de 3 m et un poids de 11 kg. Il appartient au même groupe que l'oiseau géant *Teratornis incredibilis,* maintenant éteint, dont l'envergure dépassait les 5 m. C'est un charognard. Les condors n'émettent que des sifflements et des ronronnements. Son parent le Condor de Californie a disparu à l'état sauvage et fait l'objet d'un programme de réintroduction.

Sarcoramphe roi, Condor pape [107] *(Sarcoramphus papa)*

Le Sarcoramphe roi est le plus coloré des condors et porte une caroncule étonnante sur la base du bec. Il fréquente les jungles épaisses du Mexique à l'Argentine et repère ses proies sous les arbres grâce à son odorat performant. Comme les autres condors, il ne bâtit pas de nid mais pond dans les fissures de la roche ou dans la végétation. Les deux parents se relaient pour couver les œufs pendant cinquante-huit jours. L'âge d'envol est de 22 semaines.

Messager sagittaire, Secrétaire des serpents [108] *(Sagittarius serpentarius)*

Le Messager sagittaire est un oiseau de grande taille, avec un poids de 4 kg pour une envergure de 2 m. Cet habitant des savanes africaines se distingue par ses grandes pat-

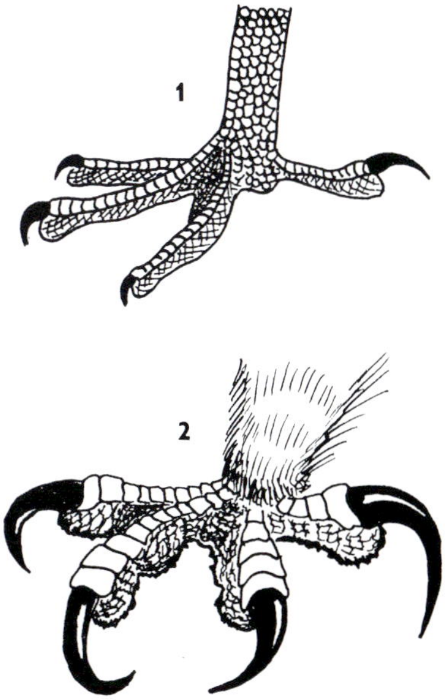

Le pied des condors charognards
est adapté à la marche (1),
tandis que celui des aigles (2)
est adapté à la capture
et à la mise à mort des proies.

107

tes aux griffes courtes semblables à des ongles. Il mange des serpents, des lézards et des mammifères parfois aussi gros qu'un lièvre. Il subjugue sa proie par des coups de pied rapides et violents. Il niche dans de petits arbres ou des arbrisseaux. La femelle pond 3 œufs, qu'elle couve pendant quarante-cinq jours, pendant que le mâle chasse pour elle.

108

109

110

Milan royal [109] *(Milvus milvus)*

Le Milan royal est un rapace de taille moyenne à la queue fourchue. Il niche en Europe, dans l'ouest de l'Asie et en Afrique du Nord. Il vit dans les paysages ouverts où alternent prairies et espaces boisés, souvent près de l'eau. En Afrique, il fréquente les villes, où il se nourrit sur les dépôts d'ordures, comportement que l'on peut également observer en Europe. Il chasse les petits vertébrés, comme les lézards et les grenouilles, ainsi que des insectes, mais ne dédaigne pas les cadavres ni les poissons morts.

Aigle orné [110] *(Spizætus ornatus)*

L'Aigle orné fréquente les forêts tropicales humides d'Amérique latine. Il chasse avec adresse les grands oiseaux (hoccos, perroquets, toucans et pigeons), les gros rongeurs ainsi que les grands lézards et des serpents. Chaque couple ne se reproduit que tous les trois ans. La femelle pond un œuf unique. L'âge d'envol est de 3 mois.

Buse pattue [111] *(Buteo lagopus)*

La Buse pattue vit dans les régions arctiques d'Europe, d'Asie et d'Amérique du Nord. En raison du climat rigoureux, ses pattes sont recouvertes de plumes jusqu'aux orteils. Elle se nourrit de rongeurs, dont l'abondance détermine l'importance et les variations des populations.

Harpie féroce, Aigle harpie [112] *(Harpia harpyja)*

Avec ses 3,5 à 4 kg, la Harpie féroce est l'un des plus gros rapaces du monde. Elle possède des pattes et des doigts très forts dotés de serres très longues. Présente du sud du Mexique au nord de l'Argentine, elle vit dans la jungle, de préférence dans les plaines arrosées par des rivières. Elle capture des singes, des paresseux et de grands perroquets. Près des habitations, il lui arrive de chasser des poules, des canards, des chiens et des porcelets.

111

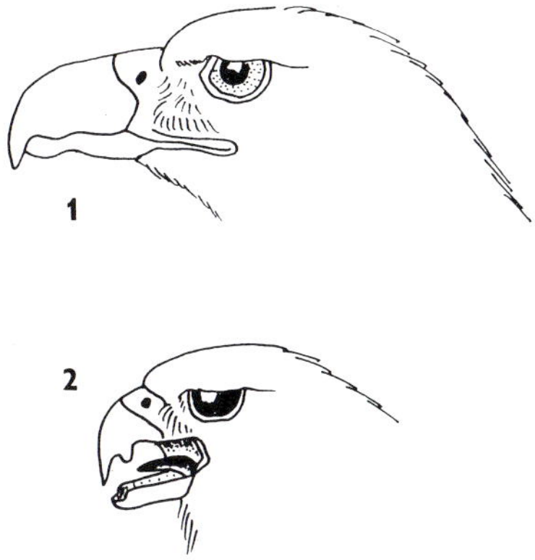

Bec d'un rapace non-faucon (Accipitridés) (1) et bec d'un faucon avec le « frelon » dans la narine protégeant les poumons d'une entrée d'air trop violente (2).

112

Aigle royal [113] *(Aquila chrysætos)*

113

C'est le plus connu des grands rapaces (2 m d'envergure pour un poids de 3 ou 4 kg). Il habite l'Europe, l'Asie, l'Amérique du Nord et l'Afrique du Nord. Bien qu'il symbolise la force et la noblesse sur les blasons de plus d'une famille princière ou d'un pays, il est encore persécuté dans de nombreuses régions et a disparu de plusieurs d'entre elles, d'autant plus que son taux de reproduction est très faible : chaque couple n'élève qu'un jeune, à qui il faudra cinq ans avant de se reproduire à son tour. L'Aigle royal se nourrit de marmottes et autres mammifères. À l'occasion, il chasse aussi de grands oiseaux.

Vautour de l'Himalaya [114] *(Gyps himalayensis)*

Les vautours de l'Ancien Monde forment une famille vieille de vingt millions d'années. Le Vautour de l'Himalaya fréquente les pentes de cette chaîne de montagnes. Il atteint une envergure de 2,80 m pour un poids de 12 kg. Grâce à ses ailes longues et larges, il s'élève et plane sans effort. Mais ce type de vol l'oblige à attendre 10 heures du matin environ, quand l'air est suffisamment chaud pour le porter. La vue perçante des

114

115

vautours leur permet de repérer les cadavres de très loin. La tête et le cou ne sont couverts que de duvet ; la collerette épaisse qui entoure la base du cou évite que le plumage soit souillé par les substances liquides qui sont en décomposition dans les cavités corporelles des charognes.

Pygargue empereur, Aigle-pêcheur empereur [115] *(Haliætus pelagicus)*

C'est le plus grand des aigles-pêcheurs. Les plus petits mâles pèsent 6 kg et les femelles 9 kg, pour une envergure de près de 3 m. Son formidable bec jaune est plus gros que chez la plupart des rapaces. Le Pygargue empereur habite les côtes du Kamtchatka, de la mer d'Okhotsk et du détroit de Béring, jusqu'en Corée. Il se nourrit de gros poissons, d'oiseaux, de jeunes phoques et des cadavres échoués de mammifères marins.

116

118

117

Vautour moine [116] *(Ægypius monachus)*

Le Vautour moine niche de la Méditerranée à l'Asie centrale et la Mongolie. Comme chez les autres vautours, les rebords du bec sont coupants afin de déchirer la chair des cadavres. Pour ne pas avoir à partager avec d'autres charognards, l'oiseau engloutit autant de viande qu'il le peut dans son jabot volumineux, qui peut contenir 2 ou 3 kg de nourriture. Les jeunes restent au nid pendant trois mois. Leurs parents les nourrissent d'aliments à moitié digérés.

Palmiste africain, Vautour palmiste [117] *(Gypohierax angolensis)*

Le Palmiste africain vit en Afrique, près des cours d'eau. Son régime alimentaire est unique chez les rapaces puisqu'il se nourrit surtout des fruits du palmier à huile et du palmier raphia, abondants dans son aire de répartition. À l'aide de son bec puissant et de ses pattes, il cueille les noix allongées, longues de 2 à 3 cm, dont il arrache la cosse par petits morceaux. Il mange également des poissons, des mollusques et des crabes.

Caracara huppé [118] *(Polyborus plancus)*

Répandu en Amérique latine, le Caracara huppé est un proche parent des faucons, auxquels il ne ressemble pourtant pas beaucoup. Il court bien et chasse insectes et petits vertébrés. Il ne dédaigne pas les charognes et n'hésite pas à dérober en vol les proies des condors. Contrairement aux faucons, les caracaras construisent leur propre nid.

Gypaète barbu [119] *(Gypætus barbatus)*

Ce grand vautour habite les montagnes du sud de l'Europe, d'Asie et d'Afrique. Son ventre est blanchâtre, mais, en montagne, il prend peu à peu une belle couleur rouille au contact des oxydes de fer contenus dans les roches. Il se nourrit principalement de charognes, mais il lui arrive de surprendre des chamois et de les précipiter dans le vide par une attaque vigoureuse. Il est aussi friand d'os et de tortues, qu'il emporte dans les airs et laisse ensuite tomber sur les rochers pour les briser.

119

120

Faucon crécerelle [120] *(Falco tinnunculus)*

C'est le plus répandu et le plus abondant des faucons. Les faucons se distinguent par les denticulations de leur mandibule supérieure. Le Faucon crécerelle a des ailes étroites et pointues, caractéristiques des voiliers rapides. Il vit en Europe, en Afrique et en Asie. Les populations d'Europe occidentale sont plutôt sédentaires. Par de rapides battements d'ailes, le crécerelle sait voler sur place, en « Saint-Esprit », pour repérer les petits rongeurs dont il se nourrit. Pour nicher, il occupe les anciens nids de corneilles, les falaises et, de plus en plus souvent, des édifices au centre des villes.

Faucon pèlerin [121] *(Falco peregrinus)*

Le Faucon pèlerin est l'un des rares oiseaux cosmopolites, c'est-à-dire présents sur tous les continents. Malheureusement, son existence est menacée par l'emploi de pesticides par l'agriculture, qui contaminent ses proies. Ces substances chimiques perturbent l'équilibre du calcium. Les femelles pondent alors des œufs à la coquille fragile, qui se brisent facilement. Ses populations regagnent peu à peu du terrain dans les pays où le DTT a été interdit. Mais il reste l'oiseau le plus recherché pour la fauconnerie et, en Europe du Sud, il est toujours déniché pour cette raison. Les ornithologues américains l'ont introduit avec succès dans les grandes villes, où les pigeons (leur nourriture préférée) ne manquent pas. Le Faucon pèlerin est un superbe chasseur, qui fond sur les oiseaux en vol à la vitesse de 280 km/h.

121

122

Tragopan de Temminck [122] *(Tragopan temminckii)*.

Chapitre 9

LA GRANDE FAMILLE DES GALLINACÉS

Ordre très ancien, les Galliformes sont présents dans le monde entier, à l'exception de la Polynésie et de l'Antarctique. Les 285 espèces que compte l'ordre diffèrent beaucoup par la silhouette et la taille : le plus petit représentant pèse 45 g, le plus gros 11 kg. Ce sont des oiseaux terrestres au bec court, fort et recourbé et aux pattes robustes pour gratter la terre. Ils courent bien et volent convenablement, mais sur de courtes distances. Leurs ailes courtes et arrondies leur permettent de décoller « en fusée » pour échapper à l'attaque soudaine d'un prédateur. Les Galliformes comprennent les mégapodes (Mégapodidés), les hoccos, les pénélopes et les ortalides (Cracidés), les tétras et les lagopèdes (Tétraonidés), les cailles, les perdrix et les faisans (Phasianidés), les dindons (Méléagridés), les cailles (Odontophoridés) et les pintades (Numididés). Tous ces oiseaux sont nidifuges.

Talégalle de Latham [123] *(Alectura lathami)*

La Talégalle de Latham est un oiseau australien. Comme tous les Mégapodes, il se reproduit d'une façon tout à fait inhabituelle chez les oiseaux : il ne couve pas ses œufs mais les laisse incuber dans un monticule de terre et de végétaux en décomposition, parfois haut de 5 m, amassé en grattant le sol, qui entretient la chaleur nécessaire. Tous

123

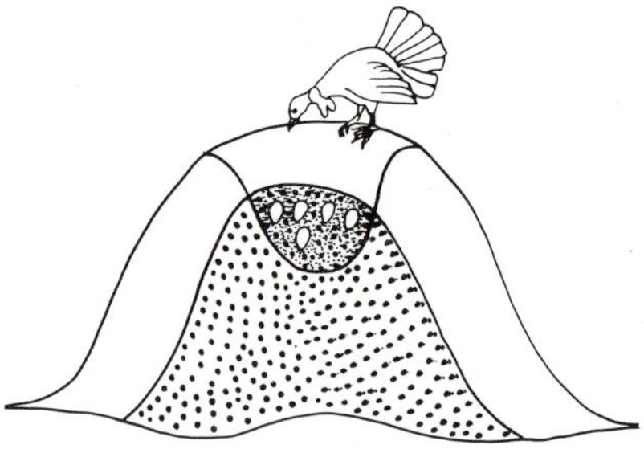

Talégalle de Latham. Les mégapodes laissent incuber leurs œufs dans un monticule de sable ou de plantes en décomposition.

124

Les jeunes mégapodes sont autonomes dès la sortie du monticule et survivent par leurs propres moyens.

les jours, le mâle contrôle avec sa langue la température à l'intérieur du tas. Si celui-ci est trop chaud, il l'ouvre pour l'aérer ; si le tas est trop frais, il le recouvre d'herbe ou de feuilles complémentaires. Pendant ce temps, il attire des femelles qui, une à une, pondent jusqu'à 35 œufs dans le monticule. Le mâle surveille le tas pendant toute l'incubation, mais peu après l'éclosion, les jeunes sont capables de se débrouiller seuls.

125

126

Pénélope de Spix [124] *(Penelope jacquacu)*

Proche parente des hoccos, la Pénélope de Spix est parfaitement adaptée à la vie arboricole. Elle se déplace avec agilité sur les branches, dort dans les arbres et, au contraire des autres Gallinacés, y fait son nid. C'est l'un des plus petits Gallinacés. Elle a la tête déplumée et porte des lobes charnus sur la gorge.

Grand Hocco [125] *(Crax rubra)*

Les hoccos sont des oiseaux majestueux, parfois aussi gros que des dindons. Ils portent une *cire* brillante caractéristique à la base du bec et, sur la tête, une huppe recourbée vers l'avant qu'ils redressent lorsqu'ils sont excités. Le Grand Hocco vit dans les forêts tropicales d'Amérique, où il se nourrit de fruits et d'insectes. Il pond 2 ou 3 gros œufs.

Grand Tétras, Grand Coq-de-bruyère [126] *(Tetrao urogallus)*

Avec un poids de 6 kg, le Grand Tétras est le plus grand des Tétraonidés. Il fréquente les forêts du nord de l'Europe et de l'Asie, ainsi que les forêts de montagne. Il connaît à l'heure actuelle un déclin alarmant. Sa superbe parade commence un peu avant le point du jour. Tout en marchant, le mâle étale sa queue à la manière d'un éventail et émet une série de sons terminée par un « pop ! » sonore, puis suivie par un bruit de cisaillement durant trois secondes. Les femelles observent attentivement les parades, qui s'achèvent souvent par des affrontements entre mâles.

127

Tétras du Canada [127] *(Dendragapus canadensis)*

Le Tétras du Canada est un oiseau de petite taille, pesant 500 g environ. Il fréquente les forêts de conifères d'Amérique du Nord. Comme les autres tétras, il est adapté à un climat froid : ses narines et ses pattes sont recouvertes de plumes. En hiver, les côtés des orteils présentent des sortes de peignes longs de 3 cm qui aident l'oiseau à marcher sur la neige. Tétras et lagopèdes se nourrissent d'aiguilles de conifères, de bourgeons, de baies et, dans une certaine mesure, d'insectes. Leur chair a une saveur résineuse.

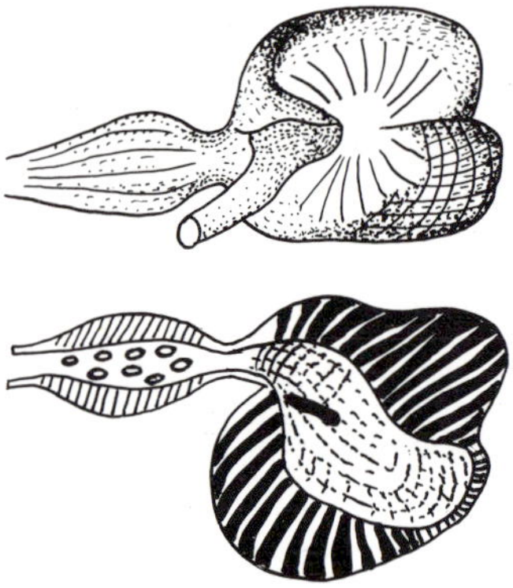

Les Gallinacés ont un gésier développé capable de broyer les graines les plus dures grâce aux cailloux ingérés par l'oiseau.

128

129

Tétras des prairies, Cupidon des prairies [128] *(Tympanuchus cupido)*

Le Tétras des prairies vit dans les grandes prairies nord-américaines. Tous les printemps, les coqs retournent sur les mêmes lieux de parade, ou *arènes*. Tôt le matin, ou au contraire le soir, chacun occupe un petit secteur de l'arène et le défend contre ses rivaux. Les femelles choisissent leurs partenaires parmi les mâles dominants, qui occupent le centre de l'arène. Lorsqu'il parade, le mâle hérisse les plumes de la tête, qui lui font comme une tiare et gonflent ses sacs cervicaux orange ou jaunes.

Lagopède alpin, Perdrix des neiges [129] *(Lagopus mutus)*

Le Lagopède alpin fréquente les hautes montagnes d'Europe, d'Asie et d'Amérique du Nord. Les lagopèdes sont les Tétraonidés les mieux adaptés au froid. Ce sont les seuls oiseaux qui revêtent graduellement une livrée hivernale d'un blanc pur, à la manière des mammifères polaires. Avant les premières chutes de neige, des plumes denses poussent sur leurs orteils, qui les protègent du froid et les empêchent de s'enfoncer dans la neige. Le plumage du Lagopède alpin est si épais que celui-ci peut survivre à des froids inférieurs à –40 °C. La nuit, ou lorsque la tempête souffle, il se réfugie dans des terriers creusés dans la neige. Il se nourrit de bourgeons, de baies et de graines.

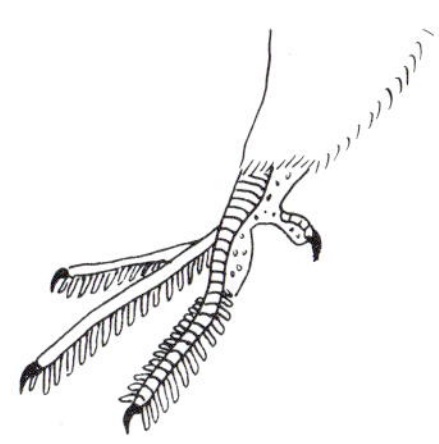

Les pieds des tétras et lagopèdes sont bordés en hiver d'un peigne corné qui leur permet de marcher sur la neige.

Bambusicole de Chine, Perdrix-des-bambous de Chine [130]

130

(Bambusicola thoracica)

Ce petit Gallinacé du sud de la Chine est apparenté à la Perdrix grise. Il vit dans les forêts de bambous. Seul le coq trahit sa présence par un cri sonore et perçant.

Ithagine ensanglantée [131] *(Ithaginis cruentus)*

131

L'Ithagine ensanglantée est un oiseau de montagne vivant dans les forêts de bambous ou de conifères et dans les massifs de rhododendrons du Népal, du Tibet et du nord de la Birmanie, à une altitude de 3 000 à 4 000 m. On l'a souvent considérée comme un faisan, alors qu'elle est plus proche des perdrix. C'est un oiseau terrestre qui se perche rarement dans les arbres. Grégaire, elle vit par groupes de 20 individus environ qui ne se séparent qu'au moment de la reproduction. Le mâle, dont les pattes portent 2 ou 3 ergots, parade autour de la femelle, queue déployée, ailes étalées et huppe dressée. Les deux parents coopèrent pour élever la nichée.

132

Dindon ocellé [132] *(Agriocharis ocellata)*

Les dindons sont les plus grands des Gallinacés : le Dindon sauvage pèse 11 kg, la Dinde domestique 18 kg. Le rare Dindon ocellé, qui vit dans le sud du Mexique, au Guatemala et au Honduras, est plus petit et pèse 5 kg. Il a été découvert tardivement, en 1920, au Honduras. C'est l'un des Gallinacés les plus colorés, rejetant dans l'ombre le terne Dindon sauvage. Les dindons sont des oiseaux forestiers qui fréquentent les clairières. Pour fuir le danger, ils préfèrent courir rapidement plutôt que de s'envoler. Ils trouvent leur nourriture sur le sol : baies, noix coriaces, parfois grosses, qu'ils broient dans leur gésier très musclé. Ils nichent à terre et la femelle pond 8 œufs, voire plus.

133

Argus géant [133] *(Argusianus argus)*

L'Argus géant vit dans les jungles profondes de la péninsule malaise, de Thaïlande, de Sumatra et de Bornéo. Le mâle pèse jusqu'à 10 kg et, avec ses rectrices démesurées, atteint plus de 2 m de long. Ses longues rémiges secondaires sont magnifiques, avec

Argus géant déployant son plumage.

134

leurs rangées d'ocelles aux reflets métalliques. Pour attirer une femelle, le mâle gratte un terrain de parade dans les sous-bois profonds et pousse des cris sonores. Il est très farouche et constamment sur ses gardes, car ses rémiges ornementales rendent la fuite difficile.

Lophophore resplendissant [134] *(Lophophorus impejanus)*

Le Lophophore resplendissant est répandu de l'est de l'Afghanistan au sud du Tibet, sur les pentes de l'Himalaya. En été, il vit jusqu'à 5 000 m d'altitude ; en automne, il gagne en bandes les vallées. Le mâle a un plumage éclatant qui scintille dans le soleil, tandis que la femelle est brune avec des taches claires. Le Lophophore resplendissant est un oiseau puissant pouvant peser jusqu'à 2,5 kg. Le mâle se distingue également par son bec robuste, légèrement recourbé, dont il se sert pour déterrer racines, tubercules, vers et insectes.

Éperonnier napoléon [135] *(Polyplectron emphanum)*

Cet oiseau forestier indigène de l'île de Palauan, aux Philippines, est certainement le plus beau des éperonniers. Le mâle porte une haute huppe sur la tête, sa poitrine et son ventre sont noirs et les plumes noires de son dos sont bordées de bleu. Les sus-caudales (plumes du croupion) et les rectrices sont ornées d'ocelles violets cerclés de noir. L'Éperonnier napoléon mène une vie discrète et niche sur le sol. Il se nourrit de graines, de baies, d'insectes et de vers. La femelle couve et élève seule la nichée.

135

Faisan de Swinhoe [136] *(Lophura swinhoei)*

Cette espèce, particulière à l'île de Taïwan, est l'un des faisans les plus rares du monde, au bord de l'extinction. Elle fut découverte en 1862 par le naturaliste anglais Swinhoe. Elle est apparentée au Faisan argenté, souvent élevé en captivité.

Hoazin huppé [137] *(Opisthocomus hoazin)*

L'Hoazin habite les sous-bois denses qui bordent les rivières et les marais tropicaux d'Amérique du Sud. Cet oiseau fut longtemps considéré comme un Gallinacé, aussi figure-t-il dans ce chapitre. Mais son mode de vie et son comportement sont très différents de ceux de ces oiseaux, et les scientifiques ont pu établir qu'il est en réalité très proche des coucous. L'Hoazin se nourrit exclusivement de feuilles d'arums, dont il amasse de gros fragments dans son énorme jabot, cinquante fois plus gros que son estomac. Ils y sont réduits en bouillie avant d'être digérés dans l'estomac et l'intestin. La taille du jabot a conduit à

Les jeunes hoazins possèdent sur chaque aile deux doigts mobiles pourvus de griffes qui leur permettent de grimper dans les branches.

136

137

la réduction du sternum et des muscles de vol ; c'est pourquoi l'Hoazin vole maladroitement. Il niche en colonies dans des fourrés à proximité de l'eau. Les jeunes possèdent à chaque aile deux doigts libres munis de griffes grâce auxquels ils peuvent grimper aux arbres. Les griffes tombent lorsque l'oiseau atteint l'âge adulte. Les deux parents nourrissent les jeunes. En cas de menace, les oisillons se laissent tomber tête la première dans l'eau, puis nagent et plongent pour échapper au danger, avant de remonter à l'arbre.

L'Hoazin huppé se nourrit de feuilles qu'il digère dans son énorme jabot.

138

Grue du Japon, Grue de Mandchourie [138] *(Grus japonensis)*.

Chapitre 10

LES DANSEURS AUX LONGUES PATTES

À première vue, il est difficile de découvrir des points communs entre les différents membres de l'ordre des Gruiformes. Les turnix et les hémipodes sont plus petits que des cailles de 50 g, tandis que la Grande Outarde peut peser jusqu'à 22 kg. Les différences de forme et d'habitat sont du même ordre. Les foulques sont de bons plongeurs, alors que les outardes vivent dans les steppes. Chez les râles, les deux parents coopèrent pour élever la nichée, tandis que les outardes ne vivent pas en couple. Chez les hémipodes, la femelle est plus colorée que le mâle et défend le territoire, et c'est son partenaire qui couve et élève les jeunes. Les Gruiformes représentent un ordre très ancien, apparu à l'ère tertiaire. Les 206 espèces actuelles ne sont que le maigre vestige d'un ordre autrefois beaucoup plus diversifié, ce qui explique les grandes différences entre les onze familles qui le composent : râles, poules d'eau et foulques (Rallidés), grues (gruidés), outardes (otididés), courlans, agamis, caurales soleils, mésites, kagous, grébifoulques, cariamas, hémipodes et turnix.

Râle d'eau [139] *(Rallus aquaticus)*

Les râles forment la famille la plus grande et la plus homogène de l'ordre. Plus petits que les autres Gruiformes, ils ont des ailes courtes et un corps étroit. Leur colonne vertébrale est souple, contrairement à celle des autres oiseaux, ce qui leur permet de se déplacer avec agilité dans la végétation dense. Le Râle d'eau vit dans la végétation des marais d'Europe, d'Asie et d'Afrique du Nord. Cet oiseau très discret ne se trahit que par son cri, sorte de râle sonore. Le nid est dissimulé au plus épais de la végétation. La femelle pond de 5 à 12 œufs. Les parents se relaient pour couver pendant dix-neuf à vingt et un jours. Ils se reproduisent deux fois par an, les jeunes de la première nichée aidant à élever ceux de la seconde.

139

140

Râle des genêts [140] *(Crex crex)*

Le Râle des genêts vit en Eurasie et en Afrique du Nord. Contrairement au Râle d'eau, c'est un habitant des prairies et des champs de céréales. Il trahit sa présence le soir et la nuit par son cri de crécelle. Il se nourrit d'insectes, d'araignées, de mollusques, de graines, de pousses et d'œufs trouvés dans les nids d'oiseaux terrestres. Ses courtes ailes ne l'empêchent pas de migrer vers l'Afrique.

141

Les pattes aux palmures lobées de la Foulque macroule sont adaptées à la nage.

142

Râle blanc et roux [141] *(Laterallus leucopyrrhus)*

Avec 11 cm de long, c'est l'un des plus petits râles. Le Râle blanc et roux vit au Brésil et au Paraguay. Comme les autres râles, il grimpe volontiers. En cas de danger, il peut nager et même plonger. Pourvu d'ailes très courtes, le Râle blanc et roux ne vole que rarement et préfère compter sur son plumage camouflé et se dissimuler dans la végétation. Il se nourrit de petits animaux et de parties de plantes.

Foulque macroule [142] *(Fulica atra)*

La Foulque macroule habite l'Europe, l'Afrique du Nord, l'Asie et l'Australie. Les foulques se distinguent des autres Rallidés par un corps large, en forme de bateau, et par des doigts pourvus d'une palmure lobée qui leur permet de nager et de plonger. Les poussins ont un duvet noir, les plumes de la tête offrant une extrémité rouge. Cette couleur, associée au bec rouge à extrémité blanche, attire l'attention des parents au moment du nourrissage.

143

Caurale soleil [143] *(Eurypyga helias)*

Le Caurale soleil vit au bord des lacs et des cours d'eau dans les jungles d'Amérique latine. Son plumage délicat est orné de superbes dessins sur les ailes et la queue. Révélés lors des parades, lorsque l'oiseau étale les ailes et déploie sa queue, ces dessins évoquent un soleil rayonnant. Pour capturer ses proies (insectes, mollusques et petits poissons), le Caurale soleil projette le bec en avant, à la manière des hérons. Son nid spacieux est édifié très haut dans les arbres.

144

Grue à cou blanc [144] *(Grus vipio)*

De nos jours, le quart des Gruiformes sont menacés d'extinction par la faute de l'homme. Dix espèces de râles inaptes au vol ont d'ores et déjà disparu. Les grues sont également menacées par la chasse et la destruction de leur habitat, vastes marais et marécages. La rare Grue à cou blanc niche dans des régions peu étendues, en Mongolie et en Mandchourie, et hiverne dans d'autres régions de Chine et en Corée. Beaucoup d'individus en migration sont victimes de la chasse. Les pertes les plus importantes ont eu lieu pendant la guerre de Corée.

Grue demoiselle [145] *(Anthropoides virgo)*

C'est la plus petite des grues : elle ne mesure que 90 cm de hauteur. Elle recherche les espaces dégagés, en particulier les steppes d'Europe orientale et d'Asie, et hiverne en Afrique et dans le sud de l'Asie. Elle mue ses rémiges graduellement, et non simultanément comme les autres grues. Il s'agit d'une adaptation à son milieu naturel, où il est impossible de se cacher : l'oiseau ne doit pas être privé de sa faculté de voler, même temporairement.

145

Grue blanche [146] *(Grus americana)*

Autrefois, cet oiseau était abondant dans toute l'Amérique du Nord. En 1965, les ornithologues américains ne dénombraient plus que 42 individus sur l'ensemble du continent. Les mesures les plus strictes furent prises, notamment le suivi scientifique et la protection des grues pendant la migration qui les conduit du nord du Canada à leurs quartiers d'hiver au Texas. Des réintroductions d'oiseaux élevés en captivité par des Grues du Canada sont régulièrement effectuées.

Grue couronnée [147] *(Balearica pavonina)*

Cette grue africaine est tenue en haute estime par les populations locales, en raison de la chasse inlassable qu'elle mène contre les criquets migrateurs. La Grue couronnée vit dans les milieux ouverts (marais et prairies). La parade nuptiale est remarquable :

146

Les grues communiquent par des cris puissants audibles de loin. Leur longue trachée s'enroule dans le sternum, qui sert de caisse de résonance.

147

les deux partenaires s'inclinent, sautent en l'air et dansent littéralement l'un autour de l'autre. Le couple est permanent, mais la parade est recommencée chaque année avant la nidification. Les grues ont un cri puissant portant très loin grâce à leur trachée enroulée à l'intérieur du bréchet, qui agit comme une caisse de résonance.

Cariama huppé [148] *(Cariama cristata)*

Le Cariama huppé habite les savanes sud-américaines. Cet oiseau aux longues pattes, au plumage brun-gris, est un coureur rapide mais un piètre voilier. Son anatomie rappelle celle du Messager sagittaire. Comme lui, le Cariama huppé chasse des serpents, des lézards ainsi que des insectes. Les cariamas sont les derniers parents vivants d'un oiseau coureur géant, *Phorusrhacos,* qui vivait en Amérique du Sud à la fin de l'ère tertiaire et pouvait atteindre 3 m de haut.

Grande Outarde, Outarde barbue [149] *(Otis tarda)*

Oiseau imposant (le mâle peut peser 22 kg), la Grande Outarde rappelle les grands Gallinacés par sa silhouette. Elle vit en Espagne, Europe centrale, Turquie, Ukraine, Russie du Sud et Asie centrale, où elle recherche les steppes. Elle s'est adaptée aux cultures dans les grandes plaines. La parade nuptiale est d'une grande beauté : le mâle, repliant le cou, tord ses ailes et rabat sa queue de façon à montrer ses dessous blancs. De loin, il a l'air d'une grosse boule blanche se déplaçant lentement parmi les femelles.

Outarde kori [150] *(Ardeotis kori)*

Cette outarde africaine est plus grande que la Grande Outarde. Comme toutes les autres outardes, elle ne possède que trois doigts. Elle se nourrit de plantes, d'insectes, de mollusques et de petits vertébrés. Très lourde, l'Outarde kori parvient à se soulever de terre grâce à ses longues rémiges (60 cm) au tuyau plus épais qu'un stylo.

148

La tête de *Phorusrhacos,* un Gruiforme américain de l'ère tertiaire, était plus grosse que celle d'un cheval.

149

150

151

Mouette tridactyle [151] *(Rissa tridactyla)*.

Chapitre 11 LES HÔTES DES MARAIS ET DU LITTORAL

Le grand ordre des Charadriiformes comprend 329 espèces d'une taille petite à moyenne. Ses représentants caractéristiques sont les jacanas, les limicoles (pluviers, chevaliers, bécasseaux, etc.), les goélands, mouettes et sternes (Laridés), les pingouins, alques et guillemots (Alcidés). Malgré cette diversité, les Charadriiformes ont les ailes conformées de la même façon et sont tous d'excellents voiliers. Pour migrer, le Pluvier bronzé parcourt 3 800 km sans escale, et la Sterne arctique franchit un total de 35 000 km entre ses quartiers d'été en Arctique et ses quartiers d'hiver en Antarctique. Afin de préserver l'étanchéité de leur plumage, les Charadriiformes ont une glande uropygienne très développée. Ils ne se reproduisent qu'une fois par an et sont en général nidifuges. Toutefois, les Laridés et les Alcidés nourrissent leurs jeunes. Les Charadriiformes sont présents dans le monde entier, à proximité de l'eau, mais les courvites et les glaréoles vivent dans des régions arides.

Jacana du Mexique [152] *(Jacana spinosa)*

Cette espèce est sud-américaine, mais les jacanas se rencontrent également en Afrique et en Asie. Grâce à leurs doigts allongés, ils peuvent marcher sur les feuilles des plantes aquatiques. La femelle est plus grande que le mâle et défend le territoire de nidification. Son territoire recouvre d'ailleurs ceux de deux ou trois mâles. Après avoir bâti le nid, elle pond ses œufs, couvés par les mâles. Ces derniers élèvent les petits et les transportent sous leurs ailes en cas de danger.

152

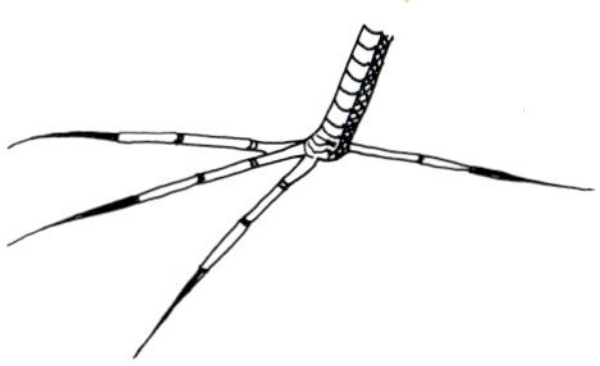

Les longs doigts des jacanas leur permettent de marcher sur la végétation flottante.

153

154

Phalarope à bec étroit [153] *(Phalaropus lobatus)*

Excellent nageur, le Phalarope à bec étroit est muni de palmures lobées. À peine plus gros qu'un moineau, il flotte facilement. Cet oiseau nordique vit en Europe, en Asie et en Amérique du Nord et se nourrit d'insectes, de petits crustacés et de mollusques qu'il capture en nageant. Les femelles sont plus grosses, plus colorées et dominent les mâles pendant la reproduction. Ceux-ci couvent les œufs, qui éclosent au bout de vingt jours, puis élèvent les jeunes, dont la croissance est rapide.

Courlis cendré [154] *(Numenius arquata)*

Aisément reconnaissable à son long bec recourbé, le Courlis cendré est l'un des plus grands limicoles. Cet oiseau niche dans les régions tempérées et septentrionales d'Europe et d'Asie et hiverne en Afrique, en Asie méridionale et dans les îles du Pacifique. La femelle fait son nid dans des prairies humides en creusant avec son corps une cuvette qu'elle tapisse d'herbe. Elle pond 4 œufs en forme de poire dont le petit bout pointe vers le centre du nid.

Chevalier gambette [155] *(Tringa totanus)*

Le Chevalier gambette est à peu près de la taille d'un merle. On le reconnaît à ses pattes rouges et à son joli cri flûté. Il vit en Europe et en Asie, où il fréquente les prairies humides, les rives des étangs, des lacs et des rivières, les marais côtiers et parfois aussi les champs. Les invertébrés représentent la plus grande partie de son alimentation. À l'aide de son bec sensible, il fouille la vase à la recherche de crustacés, de mollusques, de vers, et capture également insectes et araignées. Les parents se relaient pour couver les œufs pendant vingt-deux à vingt-cinq jours. Les oisillons sont jaunâtres, tachetés de noir.

155

Chevalier arlequin [156] *(Tringa erythropus)*

Cette espèce nordique est présente depuis la Scandinavie jusqu'à la toundra sibérienne. Le Chevalier arlequin possède un long bec et de longues pattes rouge corail. Le plumage nuptial du mâle est noir, tacheté de blanc sur le dessus, tandis que le plumage d'éclipse est gris, irrégulièrement tacheté.

156

157

Combattant varié [157] *(Philomachus pugnax)*

De la taille d'un merle, le Combattant varié a de longues pattes et un bec droit, relativement court. Il niche dans le nord de l'Europe et de l'Asie. Le mâle possède une collerette dont la couleur varie d'un individu à l'autre : noire, tachetée, blanche, rousse. Autour du bec, la peau vire au jaune. Lors de la parade collective, des individus des deux sexes se rassemblent sur un terrain de parade, ou *arène*. Les mâles gonflent alors leur collerette, sautent et simulent des attaques avec le bec. Les femelles observent les parades, puis choisissent un partenaire en le touchant du bec.

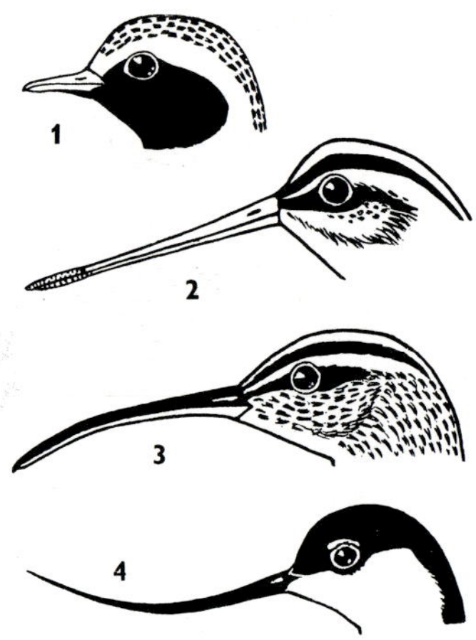

Différents becs de limicoles : Pluvier doré (1),
Bécassine des marais (2),
Courlis cendré (3),
Avocette élégante (4).

Bécasseau sanderling [158] *(Calidris alba)*

Les bécasseaux sont de petits limicoles qui habitent les régions septentrionales d'Europe, d'Asie et d'Amérique du Nord. Ils se distinguent des chevaliers, plus gros, par leurs pattes et leur bec plus courts. Ils chassent au bord de l'eau ; leur bec laisse des traces semblables à des coutures dans le sable ou la vase. Ils repèrent leurs proies au toucher, sondant le sable avec l'extrémité sensible de leur bec. Selon des études, ils ne sont récompensés qu'une fois sur deux cents.

158

159

Bécasse des bois [159] *(Scolopax rusticola)*

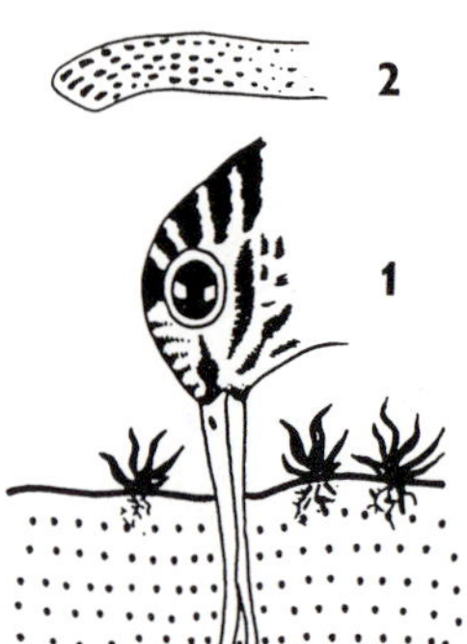

La Bécasse des bois est un limicole d'Europe et d'Asie adapté à la vie en forêt. Elle a des pattes relativement courtes et un bec long, dont l'extrémité est recouverte de petites alvéoles garnies de cellules sensibles au toucher. L'oiseau sonde le sol pour découvrir un ver ou une larve, puis il ouvre l'extrémité du bec et saisit sa proie comme s'il se servait d'une longue pince. Les bécasses ne se laissent pas surprendre facilement, car leurs yeux placés haut sur le crâne leur donnent une vision circulaire. Il arrive à ces oiseaux de transporter leurs petits serrés entre leurs pattes.

La Bécasse des bois sonde le sol à l'aide de son bec sensible au toucher (1).
Au contact d'une proie, l'extrémité du bec s'entrouvre et s'en saisit à la manière d'une pince (2).

Bécassine des marais [160] *(Gallinago gallinago)*

La Bécassine des marais est une petite espèce qui vit en Europe, en Asie et en Amérique du Nord, dans les marais et les prairies humides, à proximité des lacs ou des étangs. Elle signale son territoire par un vol nuptial circulaire, à la manière de la Bécasse des bois. Mais alors que celle-ci émet des vocalisations (la « croule »), la Bécassine des marais fait vibrer ses rectrices externes rigides pour produire une sorte de chevrotement. Elle doit reprendre de la hauteur après chaque chevrotement.

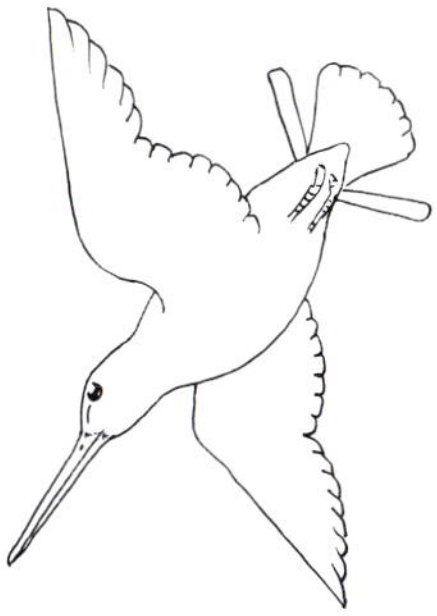

La Bécassine des marais marque son territoire par une sorte de chevrotement provoqué par la vibration de ses rectrices externes au cours du vol nuptial.

160

Tournepierre à collier [161] *(Arenaria interpres)*

Avec sa tête ronde, son bec et ses pattes courtes, le Tournepierre à collier ressemble aux pluviers, mais il est en réalité apparenté aux chevaliers. Il fréquente les toundras d'Europe, d'Asie et d'Amérique du Nord, à proximité des côtes. Il recherche sa nourriture sur l'estran (espace découvert par la marée basse), où il retourne adroitement les galets pour dénicher des crustacés et des vers, d'où son nom.

Échasse blanche [162] *(Himantopus himantopus)*

L'Échasse blanche est un peu plus grande qu'un merle et possède des pattes rouges extrêmement longues, comparables à celles d'un flamant, toutes proportions gardées. Trois de ses doigts sont incomplètement palmés. Son long bec est droit. C'est une espèce cosmopolite qui habite dans les régions tropicales, subtropicales et tempérées de tous les continents. L'Échasse blanche recherche ses proies (insectes aquatiques, vers et mollusques) en marchant dans l'eau.

Avocette élégante [163] *(Recurvirostra avosetta)*

De la taille d'une tourterelle, l'Avocette élégante est munie d'un bec long, fin et recourbé vers le haut, et de pattes bleu-gris. Ses doigts sont réunis par une palmure, ce qui lui permet de nager. Elle niche généralement en colonies de dix à soixante-dix couples en Europe, en Asie et en Afrique. Trois autres espèces, caractérisées par la même forme de bec, se reproduisent sur les côtes et les rives lacustres des deux Amériques et d'Australie. Pour chasser, les avocettes marchent dans l'eau peu profonde et, tête courbée, balancent le bec de gauche à droite en effleurant la vase. Quand l'eau est plus

161

162

163

profonde, elles immergent la tête et la partie supérieure du corps. Elles se nourrissent de larves d'insectes et de petits crustacés. Le nid est une cuvette tapissée de plantes, de coquillages et d'arêtes de poissons. La femelle pond 4 œufs, que les parents couvent pendant vingt-trois à vingt-cinq jours. Les parents coopèrent à l'élevage de la nichée, jusqu'à l'envol des jeunes, qui survient vers 32 à 42 jours.

Glaréole à collier [164] *(Glareola pratincola)*

La Glaréole à collier se reproduit dans le sud de l'Europe, en Afrique du Nord et dans le centre et le sud de l'Asie. Son bec court s'ouvre largement. Elle a des pattes courtes, des ailes longues et une queue noire et échancrée. Sa façon de voler rappelle celle des hirondelles. Elle se nourrit d'insectes capturés au sol, mais parfois aussi en vol. Elle vit dans les steppes, à proximité de l'eau.

164

Pluvier doré [165] *(Pluvialis apricaria)*

Les pluviers sont des limicoles de taille moyenne au bec court. Ils ont des pattes assez longues et une façon caractéristique de se déplacer, courant sur quelques mètres et s'immobilisant un court instant, le corps droit. Le départ comme l'arrêt sont brusques. Ces pauses leur permettent de repérer des proies ou de surveiller les alentours. Ils ont également pour habitude de frapper le sol des pattes, imitant le son et la vibration des gouttes de pluie. Que cela dérange ou intéresse la proie, c'est certainement une méthode efficace. Le Pluvier doré se nourrit d'insectes, mais aussi de baies dans les forêts

165

de conifères sibériennes. Il habite le nord de l'Europe et de l'Asie. Son parent le Pluvier bronzé couvre 3 800 km en trente-sept heures pour se rendre du Kamtchatka à ses quartiers d'hiver sur l'île de Wake, dans le Pacifique. Ce voyage exige 250 000 battements d'ailes.

Vanneau huppé [166] *(Vanellus vanellus)*

Le Vanneau huppé, l'un des plus grands membres de la famille des pluviers, porte de belles plumes irisées et une aigrette sur la tête. Il se reproduit en Europe et en Asie, dans les prairies humides et les cultures. Ses ailes, plus larges que celles des autres pluviers, lui permettent d'effectuer des acrobaties. Cet oiseau émet des cris d'une grande variété et produit des sons avec les ailes.

166

167

Pluvier petit-gravelot, Petit Gravelot [167] *(Charadrius dubius)*

Ce petit pluvier porte un plumage noir et blanc contrasté sur la tête. Il est répandu en Europe, en Afrique du Nord et en Asie, jusqu'en Nouvelle-Guinée, où il fréquente les rives des étangs, des lacs et des cours d'eau. Pour signaler son territoire, le mâle vole lentement, s'inclinant d'un côté puis de l'autre, battant parfois rapidement des ailes à la manière d'un papillon. Il émet alors des cris mélodieux. Pour séduire la femelle, il gonfle les plumes de la poitrine, se redresse et parade comme un soldat. Le nid est une vague cuvette grattée entre les galets, sans apprêt. La femelle pond 4 œufs camouflés, petit bout dirigé vers le centre.

Vanneau à éperons [168] *(Vanellus spinosus)*

Le Vanneau à éperons tient son nom des éperons osseux recouverts de corne portés par ses ailes au niveau du poignet. C'est une arme que l'oiseau utilise avec habileté contre ses rivaux ou pour se défendre. Il est présent en Afrique, au Proche-Orient et dans le sud des Balkans. En Afrique, il fréquente les berges des cours d'eau et des lacs, souvent au voisinage des crocodiles. Cet oiseau très agressif défend courageusement son territoire contre tout intrus, même beaucoup plus grand que lui, à grand renfort de cris métalliques rappelant le son du marteau frappant du métal. Ce cri est aussitôt perçu et compris comme un avertissement. D'autres vanneaux à éperons vivent en Afrique, en Amérique du Sud et en Australie.

168

Huîtrier pie [169] *(Hæmatopus ostralegus)*

Bec de l'Huîtrier
pie et technique d'ouverture
des coquillages.

L'Huîtrier pie est un grand limicole au bec fort et étroit. Il fréquente les côtes d'Europe et d'Asie. Comme tous les limicoles du littoral, son activité est rythmée par les marées, et non par l'alternance du jour et de la nuit. L'Huîtrier pie mange des mollusques bivalves, dont il ouvre les coquilles en les martelant, en coupant les muscles de l'animal ou en insérant son bec entre les deux valves, qu'il écarte par une rotation de la tête et du bec. L'intérieur du bec est pourvu de protubérances cornées qui empêchent les proies de glisser au dehors. En raison de sa technique de chasse particulière, l'Huîtrier pie est le seul limicole qui nourrisse ses petits, car ceux-ci doivent apprendre à ouvrir les coquillages.

169

170

Pluvian fluviatile, Pluvian d’Égypte [170] *(Pluvianus ægyptius)*

Ce petit limicole fréquente les rives sablonneuses des cours d’eau africains, essentiellement au nord de l’équateur. Malgré son plumage discret, le Pluvian fluviatile est populaire depuis l’Antiquité. Le Grec Aristote et le Romain Pline l’Ancien écrivent tous deux que cet oiseau se glisse dans la gueule des crocodiles pour picorer des lambeaux de chair entre leurs dents. Bien que cette assertion soit encore reprise dans plus d’un livre, aucun ornithologue n’a jamais observé ce comportement. En revanche, l’oiseau grimpe sans crainte sur le dos des crocodiles en train de se réchauffer au soleil et dévore les sangsues. Il semblerait que les crocodiles réagissent au cri d’alarme de l’oiseau signalant un prédateur. Le Pluvian fluviatile ne couve que la nuit ; pendant la journée, il enfouit les œufs dans le sable. De même, les parents recouvrent les jeunes avec du sable en cas de danger. Ils ne les nourrissent pas, mais leur apportent de l’eau dans leur plumage mouillé.

171

172

173

Thinocore de Patagonie [171] *(Thinocorus rumicivorus)*

Les thinocores ressemblent aux passériformes, avec leur bec court, conique, et leurs courtes pattes. Ils vivent dans les Andes jusqu'à 5 500 m d'altitude. Des rabats de peau protègent leurs narines de la poussière et du sable. Leur nourriture est exclusivement constituée de graines, qu'ils humidifient dans leur jabot extensible afin de faciliter la digestion. Comme tous les oiseaux végétariens, ils ont un jabot puissant et des cæcums développés.

Œdicnème criard [172] *(Burhinus œdicnemus)*

L'Œdicnème criard vit en Europe, en Asie et en Afrique du Nord. Il possède de longues pattes munies de trois doigts seulement. Ses grands yeux à l'iris jaune indiquent des mœurs nocturnes. Les régions semi-désertiques ont sa préférence, mais on le trouve également dans les cultures et les terrains alluviaux. Il se nourrit d'invertébrés, de lézards et de petits rongeurs.

Labbe parasite [173] *(Stercorarius parasiticus)*

Le Labbe parasite est un oiseau des régions arctiques. Comme tous les proches parents des mouettes, c'est un excellent voilier, talent qu'il met à profit pour dérober la nourriture des autres oiseaux, harcelés en vol jusqu'à ce qu'ils dégorgent leurs proies. En saison de nidification, il dévore les œufs des sternes, des goélands et des guillemots. Il se nourrit également de poissons, de petits oiseaux et de petits rongeurs.

174

Goéland ichthyaète [174] *(Larus ichthyætus)*

Cette espèce rare atteint une longueur de 60 cm pour une envergure de 1,50 m à 1,70 m. Elle est présente de la Mongolie jusqu'à la mer Noire et à la mer Caspienne. La plus grosse colonie rassemble 1 500 couples en mer d'Aral. Le Goéland ichthyaète hiverne

175

176

sur les côtes d'Inde et d'Arabie et se nourrit de poissons, ainsi que de petits vertébrés, d'insectes et de jeunes oiseaux.

Goéland argenté [175] *(Larus argentatus)*

Le Goéland argenté est répandu dans tout l'hémisphère Nord, certaines populations se reproduisant à l'intérieur des terres. C'est une espèce de grande taille, avec une envergure de près de 1,50 m pour un poids de 1,3 kg. La palmure complète réunit les trois orteils antérieurs. Le bec jaune possède une tache rouge sur la mandibule inférieure, que le jeune tape du bec pour réclamer sa nourriture. Le Goéland argenté se nourrit de mollusques, de poissons, ainsi que des œufs et des petits de mouettes et de canards. Il a su tirer parti à merveille des dépôts d'ordures, certaines populations se sédentarisant loin des côtes. Autour de la Méditerranée et dans la moitié sud de la France, le Goéland argenté est représenté par une sous-espèce à pieds jaunes, le Goéland leucophée.

Goéland cendré [176] *(Larus canus)*

Ce goéland fréquente les littoraux européens, asiatiques et nord-américains, mais certaines populations vivent au bord des eaux continentales. Les goélands et les mouettes nichent en colonies de plusieurs centaines à plusieurs milliers de couples. Les deux

177

parents couvent et élèvent les petits, qui quittent le nid peu après l'éclosion. Les parents leur rapportent la nourriture et la régurgitent sur le sol.

Mouette argentée [177] *(Larus novæhollandiæ)*

Cette mouette au bec d'un rouge corail est répandue le long des côtes d'Australie, de Nouvelle-Zélande et d'Afrique du Sud.

Sterne pierregarin [178] *(Sterna hirundo)*

La Sterne pierregarin vit en Europe, en Asie et en Amérique du Nord, où elle niche en

178

179

colonies au bord des lacs, des étangs et des cours d'eau, mais aussi sur le littoral. Les sternes ont une longue queue fourchue et sont pour cette raison appelées « hirondelles de mer ». Pour pêcher, elles survolent la surface de l'eau, qu'elles observent attentivement. Lorsqu'elles ont repéré un poisson, elles volent sur place puis, à l'instant propice, plongent pour l'attraper. Les poissons forment l'essentiel de leur nourriture, mais elles se nourrissent également d'insectes.

Sterne inca [179] *(Larosterna inca)*

La Sterne inca vit sur les côtes du Chili et de l'Équateur. Parfois, les sternes incas attendent que les lions de mer fassent surface pour dérober leurs proies. Cette sterne

180

offre la particularité de nicher dans d'anciens terriers de manchots ou de pétrels creusés dans d'épaisses couches de guano.

Bec-en-ciseaux noir [180] *(Rynchops niger)*

Les becs-en-ciseaux ont la mandibule inférieure plus longue que l'autre. Ils pêchent en rasant la surface, bec ouvert, la mandibule inférieure fendant l'eau. Dès qu'il heurte un poisson, l'oiseau referme le bec et avale sa proie en vol. Le Bec-en-ciseaux noir est une espèce américaine.

Petit Pingouin, Pingouin torda [181] *(Alca torda)*

Les pingouins, qui habitent les régions froides de l'hémisphère Nord, ne doivent pas être confondus avec les manchots de l'hémisphère Sud, inaptes au vol. Le Petit Pingouin est un nageur doué, capable de plonger à 40 m de profondeur en se propulsant avec les ailes. Celles-ci sont courtes, l'obligeant à des battements très rapides pour voler. Seul le Grand Pingouin, le plus grand de tous les Alcidés avec un poids de 5 kg, avait perdu la faculté de voler, mais il fut exterminé par l'homme et disparut définitivement en 1844. Le Petit Pingouin a les pattes palmées mais ne s'en sert que pour changer de direction. Les couples sont fidèles à vie et se reproduisent au sein de grandes colonies.

Macareux moine, Perroquet de mer, Clown de mer [182] *(Fratercula arctica)*

Le Macareux moine se reproduit sur les côtes de l'Atlantique Nord et vit en mer le reste de l'année. Son gros bec étroit est orné de plaques colorées pendant la saison des nids. Il niche dans un terrier et n'élève en général qu'un seul jeune pendant six semaines, avant de l'abandonner.

181

182

Guillemot à miroir [183] *(Cepphus grylle)*

Ce guillemot fréquente les côtes de l'Atlantique Nord et de la Baltique. Il ne pèse que 400 g. Il niche dans des cavités rocheuses, alors que les autres guillemots ne font pas de nid et pondent un œuf unique sur une corniche de falaise. La femelle pond 2 œufs, qu'elle couve pendant trente jours. Les parents élèvent ensemble les petits, qu'ils nourrissent de mollusques et de poissons. L'âge d'envol est de 30 à 40 jours.

Un mode de vie identique produit des formes et des comportements similaires chez des oiseaux d'origines différentes :

manchots (1),
puffinures ou pétrels plongeurs (2)
et Alcidés (3 et 4).

183

184

Goura couronné [184] *(Goura cristata)*.

Chapitre 12

PIGEONS, TOURTERELLES ET GANGAS

L'ordre des Columbiformes (pigeons et tourterelles) comprend 304 espèces répandues dans le monde entier, à l'exception des régions arctiques et antarctiques. Alors que la Géopélie diamant n'est pas plus grosse qu'une alouette, le Goura couronné atteint la taille d'une petite dinde. Tous les Columbiformes ont un plumage épais, un corps dodu et une petite tête. Leur bec court à l'extrémité dure est recouvert d'une cire à la base. Leurs pattes sont robustes, aptes à la marche, car ces oiseaux se nourrissent surtout à terre, de graines et de fruits pour l'essentiel. Ils boivent en aspirant, ce qui est rare chez les oiseaux. Leurs nids ne sont généralement pas très solides. Ils ne pondent que 2 œufs blancs, couvés par les deux parents. Ceux-ci nourrissent les jeunes avec un liquide semblable à du lait caillé, appelé « lait de pigeon ». Produit par la muqueuse du jabot sous l'effet d'une hormone, la prolactine, ce « lait » contient près de 60% de protéines. L'ordre voisin des Ptéroclidiformes (seize espèces) comprend les gangas et les syrrhaptes.

Ptilope jambou [185] *(Ptilinopus jambu)*

Ce petit pigeon frugivore habite les forêts tropicales d'Asie du Sud-Est. Il se nourrit exclusivement de fruits, dont certains sont aussi gros que sa tête, performance que lui autorise son large bec. L'estomac est couvert de protubérances cornées qui écrasent la pulpe des fruits, dont les graines conservent leur pouvoir germinateur après leur passage dans le tube digestif de l'oiseau.

185

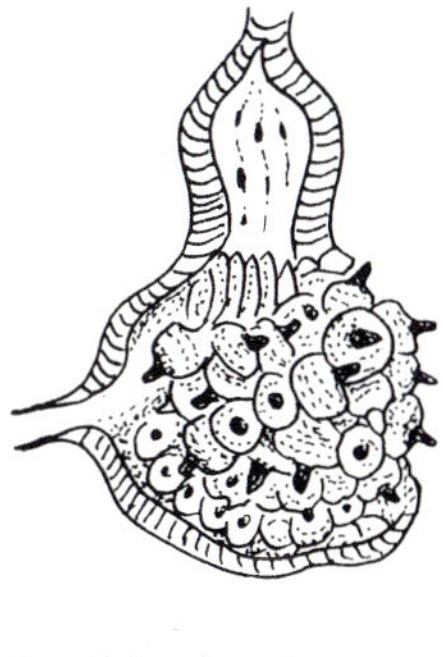

Le gésier des pigeons contient des pointes cornées pour broyer les graines et les gros fruits.

Ptilope superbe [186] *(Ptilinopus superbus)*

Le Ptilope superbe est l'un des pigeons les plus colorés de l'archipel des Moluques, de Nouvelle-Guinée et du nord de l'Australie. Il se nourrit de fruits et se tient généralement dans la couronne des arbres, souvent à 50 m de hauteur. Les jeux de lumière causés par le feuillage et l'abondance des fleurs et des fruits lui procurent le meilleur des camouflages. C'est un bon voilier, capable de couvrir de longues distances en quête de fruits, parfois d'une île à l'autre.

Pigeon colombin [187] *(Columba œnas)*

Ce pigeon forestier vit en Europe, en Asie et en Afrique du Nord. Il niche dans les arbres creux et dans les cavités creusées par le Pic noir. C'est un proche parent du

186

187

Pigeon biset, ancêtre des pigeons domestiques. Les pigeons furent en effet les premiers oiseaux domestiqués. S'ils sont appréciés pour la tendresse et la saveur de leur chair, ils doivent surtout leur popularité à leur aspect, à leur comportement et à leur extraordinaire faculté d'orientation dans des régions inconnues. Les Romains se servaient déjà de cette aptitude pour communiquer l'issue de leurs batailles dans des contrées lointaines.

188

Tourterelle des bois [188] *(Streptopelia turtur)*

La Tourterelle des bois est répandue en Europe, en Asie et en Afrique du Nord. Son nom latin évoque son roucoulement, sorte de « tur-tur » répété. Elle niche dans les arbustes et les arbres, où elle fait un nid sommaire, comme la plupart des Columbiformes : d'en bas, on peut souvent apercevoir les œufs à travers le fond. Les jeunes possèdent la faculté innée de se tenir très calmes dans le nid afin de ne pas fragiliser celui-ci. Les parents les nourrissent de « lait de pigeon » pendant les dix premiers jours, puis de graines partiellement digérées. La Tourterelle turque, originaire des Balkans et d'Asie, s'est répandue rapidement en Europe au cours des quarante dernières années.

Phasianelle bleue [189] *(Macropygia phasianella)*

Cette grande tourterelle habite les sous-bois épais dans les jungles d'Indonésie, de Nouvelle-Guinée et du nord de l'Australie. Elle ressemble aux Gallinacés par sa silhouette et sa manière de voler. Pourvue de pattes robustes, elle se déplace très bien sur le sol, où elle se nourrit de graines, de baies et autres fruits tombés à terre. Elle niche près du sol et la femelle pond un œuf unique, couvé par les deux parents. Le Goura

189

couronné niche également à faible hauteur. Les dodos, gros oiseaux (plus de 22 kg) aux ailes atrophiées, vivaient dans les îles Mascareignes. Ils sont classés parmi les pigeons, bien qu'ils présentaient quelques caractères de Rallidés. Faciles à chasser, ils furent exterminés au XVIIIe siècle.

190

191

Phasianelle onchall [190] *(Macropygia unchall)*

La Phasianelle onchall est répandue de l'Himalaya jusqu'en Asie du Sud-Est. Elle diffère peu de l'espèce précédente par son comportement et son alimentation, mais se tient plus volontiers dans les arbres. Elle a un chant rythmé portant loin. Autre victime de l'homme, la Tourte voyageuse, ou Pigeon migrateur, indigène d'Amérique du Nord, a subi le sort des dodos. Jusqu'au début du XIXe siècle, ses immenses vols migratoires obscurcissaient le ciel. Le massacre incessant de centaines de milliers d'oiseaux chaque année a conduit à l'extinction de cette espèce, autrefois l'une des plus abondantes de la planète.

Géopélie diamant, Tourterelle diamant [191] *(Geopelia cuneata)*

Avec un peu moins de 50 g, la Géopélie diamant est l'un des plus petits Columbiformes. Elle fréquente les forêts tropicales sèches du nord de l'Australie. La saison de reproduction est déterminée par la saison des pluies, qui voit éclore les fleurs et se multiplier les graines ; la nourriture est alors suffisante pour élever la nichée. Mais à la saison sèche, les géopélies doivent couvrir de longues distances pour s'abreuver. En raison de leur petite taille et de leurs besoins modestes, ces oiseaux sont très appréciés des zoos et des amateurs d'oiseaux exotiques.

Colombine turvert [192] *(Chalcophaps indica)*

Cette espèce superbement colorée est présente depuis l'Asie du Sud-Est jusqu'en Nouvelle-Guinée et en Australie. Elle possède une queue assez courte, qu'elle agite de haut en bas lorsqu'elle est dérangée. Bien qu'elle vole très bien, elle préfère évoluer au sol. Les parents coopèrent à la construction du nid, le mâle rapportant des brindilles que la femelle met en place. Ils se relaient pour couver et les jeunes éclosent au bout de deux semaines, aveugles et presque nus, rarement couverts d'un maigre duvet. Pour s'alimenter, ils placent leur bec dans celui du parent, provoquant la régurgitation de la nourriture.

192

Colombine plumifère [193] *(Lophophaps plumifera)*

La Colombine plumifère fréquente les déserts et steppes du centre de l'Australie. Elle mesure 20 cm environ, possède une huppe dressée et une courte queue. Elle ressemble plus à une caille qu'à un pigeon et court avec agilité. Comme les Gallinacés, elle cherche à se cacher plutôt qu'à s'envoler en cas de danger. Elle trouve refuge dans les spiniphex, plante herbacée aux tiges rigides et pointues. Elle y bâtit également son nid. Elle se nourrit exclusivement de petites graines de graminées et autres plantes.

Gallicolombe poignardée [194] *(Gallicolumba luzonica)*

La Gallicolombe poignardée est une petite tourterelle des Philippines et pèse 250 g environ. Très farouche, elle vit sur le sol dans les jungles épaisses de l'île de Luçon et se nourrit de graines et de fruits. C'est aussi à terre qu'elle fait son nid, où la femelle pond un seul œuf. La poitrine blanche s'orne d'une tache rouge sang si finement dessinée qu'elle rappelle une blessure de poignard.

193

194

195

Colombine longup [195] *(Ocyphaps lophotes)*

C'est le plus abondant des Columbiformes australiens. Ses ailes portent une tache aux reflets bronze et sa tête s'orne d'une superbe huppe noire que l'oiseau redresse lorsqu'il est excité. La Colombine longup peut ingérer des graines toxiques sans dommage ; le poison s'accumule dans les os et les entrailles, ce qui n'est pas sans danger pour les petits mammifères qui s'en nourriraient. Mais les chasseurs australiens aiment chasser cette espèce à la chair estimée. À la saison sèche, les oiseaux sont obligés de franchir de grandes distances pour trouver de l'eau. Comme tous les autres Columbiformes, ils s'orientent parfaitement d'après le soleil, le champ magnétique terrestre, et même les odeurs.

Colombine wonga [196] *(Leucosarcia melanoleuca)*

196

Ce pigeon australien a un chant monotone et claque bruyamment ses ailes en cas de danger. En effet, il tire son nom de ce chant monotone qu'on peut entendre à la distance de 1 km. Généralement, il vit sur terre, où il se nourrit de fruits et de graines.

Nicobar à camail, Pigeon nicobar [197] *(Calœnas nicobarica)*

Le Nicobar à camail vit sur les îles Nicobar et aux Philippines, dans l'océan Indien. Il a des mœurs terrestres mais fait son nid dans la couronne des arbres. Il se nourrit de graines et de fruits. Il se distingue des autres pigeons par la croissance lente des jeunes, avec un âge d'envol de 3 mois. À la saison des nids, il est capable de voler même à travers des détroits pour chercher de la nourriture sur les îles voisines.

197

Dodo de l'île Maurice, exterminé par l'homme.

198

Syrrhapte paradoxal, Ganga paradoxal [198] *(Syrrhaptes paradoxus)*

Les gangas et syrrhaptes forment l'ordre des Ptéroclidiformes (16 espèces). Ils ont des caractères communs avec les pigeons, mais aussi avec les pluviers. Leur taille, leur silhouette et leur vol les rapprochent néanmoins des pigeons, dont ils diffèrent par la forme du bec, les courtes pattes couvertes de plumes et l'absence d'orteil postérieur. Ce dernier trait ne les empêche pas de courir vite et avec agilité. Les gangas vivent dans les régions arides d'Asie et d'Afrique, où la température à l'ombre peut atteindre 50 °C. Les petits du Syrrhapte paradoxal sont couverts d'un duvet épais. Peu après l'éclosion, ils quittent le nid et cherchent à manger, sous la surveillance de leurs parents. Les adultes font parfois 160 km par jour pour trouver de l'eau. Contrairement aux Columbiformes, les gangas n'aspirent pas l'eau. En buvant, les mâles trempent le plumage de leur ventre pour rapporter de l'eau à la nichée.

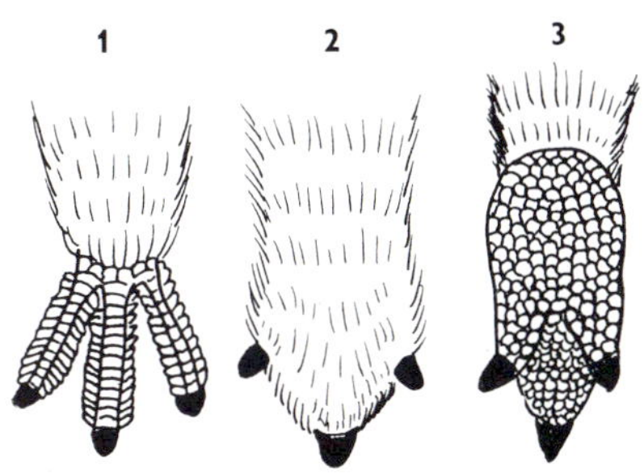

Les pattes des Ptéroclidiformes, habitants des steppes, sont conformées pour marcher sur le sable chaud : gangas (1), syrrhaptes (2), (3).

199

Ara chloroptère, Ara à ailes vertes [199] *(Ara chloroptera)*.

Chapitre 13

LES BEAUX PARLEURS

L'ordre des Psittaciformes comprend 340 espèces très différentes par la coloration et la taille, répandues dans toutes les régions tropicales du monde. Le plus petit représentant de cet ordre ne mesure que 8 cm de long (Micropsitte à tête fauve, Nouvelle-Guinée), tandis que le plus grand peut atteindre 1 m de long (Ara hyacinthe, Amérique du Sud). Une particularité des perroquets est leur mandibule supérieure recourbée, articulée au crâne, dont ils se servent pour grimper avec agilité. Ce sont des oiseaux végétariens, capables de briser les fruits les plus durs grâce aux muscles puissants de leurs mâchoires. Les perroquets sont des animaux curieux. Ils s'intéressent aux nouveaux objets, qu'ils goûtent avec leur grosse langue charnue. Puis ils les portent à leur bec avec les pattes, courtes, munies de deux orteils pointés vers l'avant et de deux autres pointés vers l'arrière. Ils nichent dans les cavités et les jeunes, qui naissent nus, sont nourris d'aliments partiellement digérés.

Nestor kéa, Kéa [200] *(Nestor notabilis)*

Le Nestor kéa, le plus endurant des perroquets, habite les hautes montagnes de l'île du Sud, en Nouvelle-Zélande. Son domaine s'élève au-dessus de la limite supérieure des arbres, à 2 000 m d'altitude, et il résiste même aux tempêtes de neige. C'est un oiseau très joueur et très curieux, ce qui faillit causer sa perte. En effet, les kéas étant souvent surpris en train d'examiner les cadavres de moutons, les éleveurs prétendaient que

La mandibule supérieure
des perroquets
est articulée au crâne.

200

201

202

ces oiseaux tuaient les bêtes pour les manger. Le gouvernement décida alors de verser des récompenses pour leur destruction. De nos jours, les kéas trouvent régulièrement leur nourriture autour des nombreuses stations de sports d'hiver du pays.

Cacatoès de Leadbeater, Cacatoès magnifique [201] *(Cacatua leadbeateri)*

Le Cacatoès de Leadbeater est l'un des plus élégants cacatoès d'Australie. Il a un plumage rosé et une superbe huppe. Il possède un bec relativement court, étroit, et une petite langue, ce qui explique certainement pourquoi il imite – imparfaitement – la voix humaine. Il mange des graines et des fruits et boit en se servant de sa mandibule inférieure comme d'une cuillère. Il niche dans des creux d'arbres, où la femelle pond de 2 à 4 œufs.

Cacatoès à huppe jaune [202] *(Cacatua galerita)*

C'est l'un des cacatoès les plus communs de Nouvelle-Guinée et d'Australie. Après la nidification, les oiseaux se rassemblent en grandes troupes. Lors de grosses averses, le Cacatoès à huppe jaune se suspend tête en bas pour détremper son plumage. Puis il se sèche et lisse longuement ses plumes au soleil.

203

Cacatoès noir [203] *(Probosciger aterrimus)*

Le Cacatoès noir est le plus grand cacatoès de Nouvelle-Guinée et du nord de l'Australie. Il possède un bec énorme, long de 10 cm et étroit, à l'aide duquel il ouvre les coquilles des noix les plus dures. Maintenant la noix avec la mandibule supérieure, il pratique une ouverture à l'aide de sa mandibule inférieure, qu'il remue latéralement à la manière d'une scie. Puis il introduit l'extrémité du bec dans la noix et en broie le contenu, qu'il extrait grâce à l'extrémité de sa langue en forme de cuillère. Il indique ses changements d'humeur par des mouvements de sa longue huppe et les variations de coloration de ses joues nues, du blanc au rouge vif.

Loriquet à tête bleue, Loriquet arc-en-ciel [204] *(Trichoglossus hæmatodus)*

Les loris et les loriquets sont de petits perroquets très colorés particuliers à l'Australie, à la Nouvelle-Guinée et aux îles du Pacifique voisines. Ces oiseaux se nourrissent de pollen, de nectar et de jus de fruits. L'extrémité de leur langue possède en effet une sorte de petite brosse constituée de poils cornés, qu'ils introduisent dans la fleur pour lécher le pollen ou le nectar. Le Loriquet à tête bleue niche dans des trous d'arbres, où la femelle couve 2 ou 3 œufs tandis que le mâle la nourrit. Les deux parents élèvent les jeunes, les nourrissant de nectar, de pollen et d'insectes pendant huit semaines. Après l'envol des jeunes, les familles se rassemblent en grandes troupes que l'on peut apercevoir jusque dans les parcs publics.

204

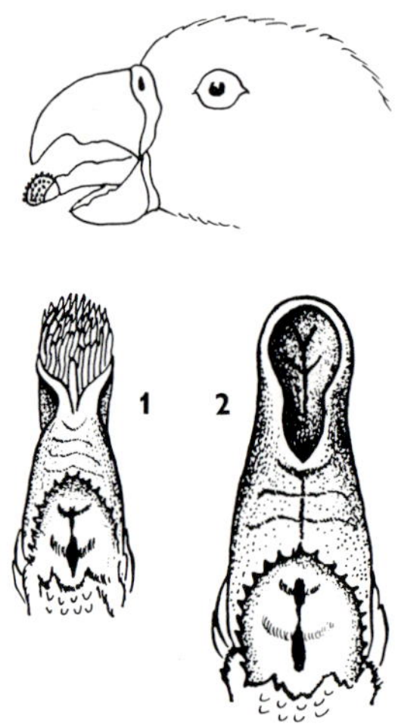

Pour se nourrir de nectar, les loris ont la langue terminée par une brosse cornée (1). Les cacatoès, qui extraient leur nourriture de coquilles, ont une langue en forme de cuillère (2).

205

Lori réticulé [205] *(Eos reticulata)*

Le Lori réticulé vit en Indonésie. Les loris sauvages se laissent facilement apprivoiser à l'aide d'un peu de miel ou de jus de fruits. Ces oiseaux colorés font sensation lorsqu'ils se posent en grand nombre sur les mains tendues et la tête des touristes. Il est également facile de les élever en volière et, si l'on s'en occupe bien, ils se reproduisent régulièrement.

206

Lori sombre [206] *(Pseudeos fuscata)*

Le Lori sombre fréquente les forêts montagnardes de Nouvelle-Guinée, jusqu'à plus de 2 000 m d'altitude. Chez la plupart des perroquets, le mâle est très tendre envers sa

207

partenaire, la nourrissant plusieurs fois par jour et lissant les plumes de sa tête. Chez les couples déjà formés, ce rituel renforce le lien conjugal.

Psittrichas de Pesquet [207] *(Psittrichas fulgidus)*

Le Psittrichas de Pesquet est remarquable par les plumes hérissées de sa nuque. Aussi gros qu'une corneille (50 cm de long), il vit en Nouvelle-Guinée, dans les forêts tropicales humides, jusqu'à 2 000 m d'altitude. Il mange des bourgeons, des jeunes pousses, des baies et des fruits. Il vit en couple dans la couronne des arbres. On connaît peu de choses sur la vie de cette espèce rare.

Perruche à ailes vertes [208] *(Alisterus chloropterus)*

Cette espèce de taille moyenne, répandue en Nouvelle-Guinée, est une proche parente de la Perruche royale d'Australie. Elle vit dans les forêts de montagne, où elle se nourrit de jeunes pousses, de fruits et de graines. Elle niche dans des trous d'arbres. La femelle pond de 3 à 6 œufs, qu'elle couve pendant vingt à vingt-deux jours, nourrie par le mâle. Les jeunes sont élevés par les deux parents et le nourrissage se poursuit après l'envol, à 37 jours.

208

209

Grand Éclectus [209 – mâle, 210 – femelle] *(Eclectus roratus)*

Ce grand perroquet vit en Australie, en Nouvelle-Guinée, dans les îles Salomon, les îles de la Sonde, les Moluques et l'archipel Bismarck. En général, les perroquets ne présentent pas de différence importante de coloration entre les sexes ; chez la Perruche ondulée, le mâle a une cire bleue et la femelle une cire brune. Le Grand Éclectus fait exception, la femelle, rouge, étant plus colorée que le mâle, d'un vert vif. La différence est telle que les deux sexes furent initialement décrits comme des espèces distinctes. Le Grand Éclectus niche dans les arbres creux, où la femelle pond de 2 à 5 œufs qu'elle couve pendant vingt-six jours. Pendant tout ce temps, le mâle la nourrit avec soin. Les deux parents élèvent ensemble la nichée et nourrissent les jeunes de graines et de fruits partiellement digérés. Les jeunes quittent le nid à l'âge de 10 à 12 semaines.

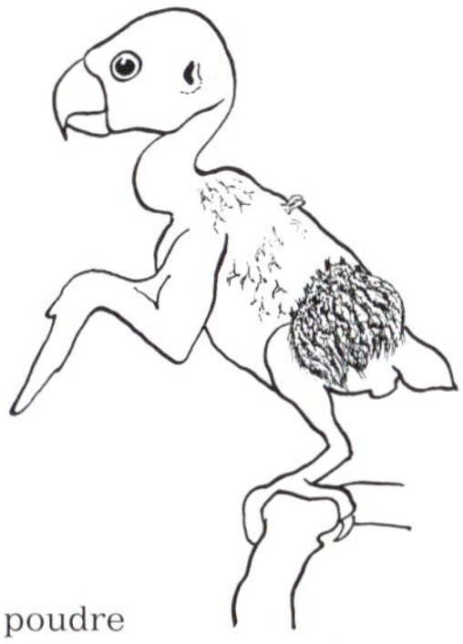

Pour entretenir leurs plumes, les perroquets produisent une poudre avec le duvet de leur dos.

210

Perruche à collier [211] *(Psittacula krameri)*

La Perruche à collier vit en Afrique et en Inde. Comme toutes les perruches, elle possède une longue queue effilée. Les premières perruches vivantes furent rapportées en Europe à l'issue de la campagne d'Alexandre le Grand en Inde, de 327 à 325 av. J.-C. Depuis, ces oiseaux ont toujours été appréciés pour leur aptitude à imiter la voix humaine. Cette aptitude varie d'une espèce à l'autre, mais aussi d'un individu à l'autre. Les perruches ne comprennent pas ce qu'elles disent, mais savent relier certains mots à des situations données. Ce sont des oiseaux intelligents, capables d'apprendre, de comprendre des concepts abstraits et de résoudre seuls des problèmes nouveaux.

Perruche de l'Himalaya [212] *(Psittacula himalayana)*

La Perruche de l'Himalaya fréquente les pentes montagneuses jusqu'à 3 800 m d'altitude. Elle est répandue tout au long de l'Himalaya, du Cachemire à l'Assam (Inde). Elle se nourrit de graines, de fruits et de jeunes pousses. Sa langue musculeuse possède une extrémité en forme de cuillère où elle recueille l'eau ; pour se désaltérer, elle appuie la langue contre le palais et avale.

211

212

213

Inséparable masqué [213] *(Agapornis personatus)*

Pendant la parade nuptiale, le perroquet mâle nourrit la femelle d'aliments partiellement digérés.

Les inséparables sont de petits perroquets africains caractérisés par leur grosse tête et leur courte queue. Leur nom scientifique signifie « oiseau d'amour ». En effet, les couples d'inséparables sont unis par les liens les plus forts qui soient dans le règne animal. Garder en cage un inséparable solitaire est acte de cruauté. Contrairement aux autres perroquets, ils ne se contentent pas d'une simple cavité de nidification, mais construisent un nid de fibres à l'intérieur. L'Inséparable rosegorge, une espèce voisine, transporte les matériaux de construction collés aux plumes de son croupion. Après la nidification, les couples se rassemblent en grandes troupes.

Amazone de Cuba [214] *(Amazona leucocephala)*

Les amazones sont des perroquets de taille moyenne, répandus en Amérique latine et adaptés à la vie en forêt. L'Amazone de Cuba vit à Cuba et aux Bahamas. Sa popularité auprès des amateurs d'oiseaux exotiques la met en danger. En effet, la demande continue des marchés européens et américains a transformé la contrebande et l'exportation des amazones en un commerce lucratif, menaçant des milliers d'oiseaux.

214

Amazone à front bleu [215] *(Amazona æstiva)*

L'Amazone à front bleu est présente dans l'est du Brésil, le sud-est de la Bolivie et le nord de l'Argentine. Cet oiseau grimpe habilement dans la couronne des arbres, mais, contrairement aux autres perroquets, il vole lourdement. Comme toutes les amazones, elle mange des fruits, des pousses vertes, des graines et même des insectes pendant la saison des nids. Elle niche dans des creux d'arbres. Seule la femelle couve, mais l'élevage de la nichée est assuré par les deux parents.

215

216

Conure soleil [216] *(Aratinga solstitialis)*

La Conure soleil a une queue pointue, de même que près de la moitié des perroquets. La Conure soleil tire son nom de son plumage d'un jaune vif ; seules les plumes de vol sont colorées de vert. Elle vit en Amérique du Sud, en lisière des forêts tropicales et dans les savanes parsemées de bosquets. Elle a le même régime alimentaire et le même mode de reproduction que les autres perroquets.

217

Ara rouge, Ara macao [217] *(Ara macao)*

Également appelé « Arakanga », l'Ara rouge est l'un des perroquets les plus grands (jusqu'à 85 cm de long) et les plus colorés. Il possède un gros bec et une queue pointue. Il est répandu du sud du Mexique à la Bolivie et au Brésil, le long des rivières qui arrosent les forêts tropicales. Entre deux périodes de reproduction, les aras forment de grandes troupes rassemblant plus d'une centaine d'oiseaux. Ils se nourrissent de fruits dont certains sont toxiques. L'effet du poison est atténué par la consommation de kaolin prélevé au bord des cours d'eau.

Ara hyacinthe [218] *(Anodorhynchus hyacinthinus)*

L'Ara hyacinthe vit dans les forêts tropicales sèches de l'est du Brésil, le long des cours d'eau. Il se distingue des autres aras par sa grande taille (plus de 1 m de long). Il vit en couples pendant la saison de nidification et en petites bandes le reste du temps. Son bec puissant lui permet de briser les noix les plus dures. Au zoo de Londres, on demanda à des écoliers de briser des noix du Brésil avec des casse-noisettes ; personne ne put rivaliser avec l'Ara hyacinthe. Mais cette espèce est très menacée par le trafic d'oiseaux exotiques.

Ara militaire [219] *(Ara militaris)*

Les aras sont non seulement les plus grands, mais encore les plus connus des perroquets. Les fruits les plus durs ne résistent pas à leur bec. En zoo, on a vu des aras militaires détruire leur cage et un plancher de bois en quelques instants. L'Ara militaire niche dans des trous d'arbres. La femelle pond 2 ou 3 œufs qu'elle couve pendant vingt-cinq à vingt-huit jours. Les jeunes, nus à l'éclosion, grandissent lentement et ne quittent le nid qu'au bout de trois mois. L'Ara militaire est non seulement un hôte populaire des zoos, mais il est aussi apprivoisé par les Indiens. Il annonce l'arrivée d'intrus par des cris assourdissants. Ses plumes longues et colorées sont des ornements d'une importance capitale portés pendant les cérémonies. Il vit du Mexique au nord-ouest de l'Argentine.

218

219

220

Chapitre 14

TOURACOS ET COUCOUS

Touraco de Fischer [220]
(Tauraco fischeri).

L'ordre des Cuculiformes inclut deux familles : les Musophagidés (touracos) et les Cuculidés (coucous).
Les touracos, vingt-deux espèces, toutes africaines, vivent dans la couronne des arbres, dans les forêts et les jungles ; leur alimentation est composée de fruits et de bourgeons. À l'instar des pigeons, ils bâtissent des nids rudimentaires dans les arbres et les arbustes.
Les Cuculidés comprennent 131 espèces, dont 50 sont parasites, c'est-à-dire qui pondent dans les nids d'autres oiseaux. Ce sont des oiseaux élancés revêtus d'un plumage fin et munis d'une longue queue, avec deux doigts tournés vers l'avant et les deux autres vers l'arrière. À la différence des touracos, les coucous se nourrissent presque exclusivement d'insectes et ne craignent pas les chenilles velues, qu'ils débarrassent de leurs poils toxiques en les « mâchant » avec le bec ou en les frottant contre les branches. Les grands coucous chassent également des lézards et des serpents. La femelle couve seule, alimentée par le mâle. Les coucous parasites pondent surtout dans les nids des passereaux. Les différentes populations de coucous parasites ont adapté la couleur et la taille de leurs œufs à ceux de l'oiseau parasité.

Touraco à huppe blanche [221] *(Tauraco leucolophus)*

La tête et la poitrine des touracos sont recouvertes de plumes aussi fines que de la fourrure. Les nuances de vert si particulières qui composent leur plumage sont dues à un pigment appelé touracoverdine. Le rouge profond des rémiges est dû à un autre

221

pigment spécifique, la touracine, qui contient du cuivre. Ce pigment est soluble dans les liquides alcalins. Ainsi, lorsqu'un touraco se baigne dans une eau légèrement alcaline, celle-ci se colore en rose. Enfin, les pieds des touracos ne sont pas conformés comme ceux des coucous : le doigt extérieur, au lieu d'être tourné vers l'arrière, est perpendiculaire aux trois autres. L'oiseau peut le tourner dans un sens ou dans l'autre, selon les besoins. Le Touraco à huppe blanche vit en Afrique tropicale.

Touraco de Hartlaub [222] *(Tauraco hartlaubi)*

Le cri des touracos, sorte de grognement rauque, est audible à grande distance. Toute l'année, les touracos se déplacent en famille ou en bande pour trouver à manger. Au moment de la nidification, les couples se séparent de la troupe, font leurs nids et les femelles y pondent 2 ou 3 œufs. À l'éclosion, les jeunes touracos sont couverts d'un épais duvet, contrairement aux jeunes coucous. Les parents coopèrent pour nourrir et élever la nichée. Avant même de pouvoir voler, les jeunes touracos de Hartlaub quittent le nid et se déplacent dans les branches, où les parents continuent de s'occuper d'eux. Ils volent à l'âge de 1 mois.

Touraco vert [223] *(Tauraco persa)*

Le Touraco vert, présent dans l'Afrique subsaharienne, est représenté par trois

222

223

sous-espèces qui se distinguent par la forme et la longueur de leur huppe verte. Les touracos peuvent manger des fruits toxiques évités par les autres oiseaux.

Touraco violet [224] *(Musophaga violacea)*

Les touracos du genre *Musophaga* ont un plumage plus sombre que les autres touracos et portent une plaque frontale cornée. Le Touraco violet vit dans les forêts de plaine

224

225

d'Afrique occidentale, le long des cours d'eau. Il évite toutefois les forêts épaisses et se rend rarement en montagne. Il se nourrit de fruits.

Coucou gris [225, 226] *(Cuculus canorus)*

Le Coucou gris vit en Europe, en Asie et en Afrique du Nord. Le territoire du mâle recouvre ceux de plusieurs femelles. Pour pondre, la femelle recherche les nids de certaines espèces, qu'elle surveille avec attention en attendant l'instant propice. Elle peut

même garder son œuf pendant quelques jours dans l'oviducte, raccourcissant ainsi la durée d'incubation. Puis elle pond directement dans le nid, ou bien y apporte l'œuf dans son bec. Souvent, elle avale 1 ou 2 œufs de l'hôte. Elle peut ainsi pondre jusqu'à 25 œufs et en dévorer jusqu'à 60. En général, elle pond dans les nids de l'espèce qui l'a élevée. Chaque femelle pond donc des œufs de la même couleur, imitant ceux de l'espèce parasitée. Le jeune coucou, bien qu'encore aveugle, se débarrasse des autres œufs en les précipitant hors du nid. Il sera nourri par ses parents adoptifs, souvent plus petits que lui.

Ce jeune coucou récemment éclos et encore aveugle se débarrasse des œufs et des jeunes de ses parents adoptifs.

226

227

Calobate de l'Annam, Coucou d'Annam [227] *(Carpococcyx renauldi)*

Le Calobate de l'Annam est un grand coucou d'Asie du Sud-Est. C'est un excellent coureur qui s'occupe lui-même de ses petits.

Malcoha rouverdin [228] *(Rhamphococcyx curvirostris)*

Ce coucou d'Asie méridionale a une queue singulièrement longue. Il se déplace adroitement dans les arbres, où il capture des insectes. Il construit un nid et la nichée est élevée par les deux parents.

Guira cantara [229] *(Guira guira)*

Le Guira cantara est un coucou sud-américain vivant en colonies. La femelle pond des œufs bleus recouverts d'un revêtement calcaire, dont l'usure progressive par les pattes des parents produit de jolies ornementations. Lorsqu'il prend un bain de soleil, le guira expose sa glande uropygienne.

Grand Géocoucou, Coucou terrestre [230] *(Geococcyx californianus)*

Le Grand Géocoucou vit dans le sud-ouest des États-Unis et au Mexique. Il vole peu mais court à la vitesse de 30 km/h et peut faire des bonds de 3 m, c'est-à-dire douze fois

228

229

230

la longueur de son corps. Il chasse insectes, lézards, serpents, petits mammifères et petits oiseaux.

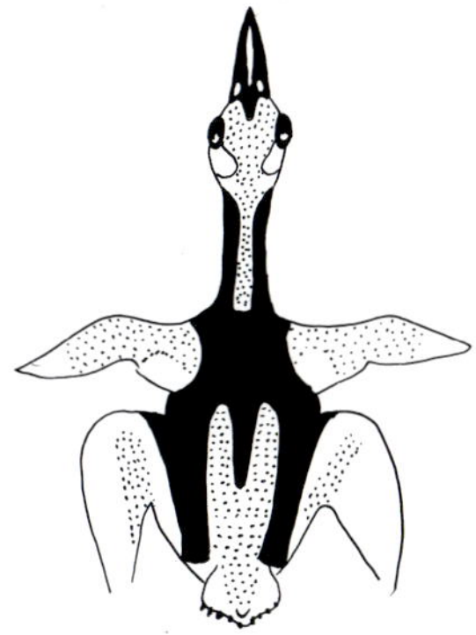

Le grand géocoucou expose ses aptéries sombres pour se chauffer au soleil.

Coua géant [231] *(Coua gigas)*

231

Le Coua géant de Madagascar vit au sol, où il se nourrit d'insectes, d'araignées, de mollusques et de fruits. La bouche des jeunes présente des taches de couleurs contrastées qui incitent les parents à les nourrir.

Chapitre 15

LES CHASSEURS DE LA NUIT

Chouette de l'Oural [232] *(Strix uralensis).*

Les chouettes et les hiboux forment l'ordre des Strigiformes, soit 156 espèces. Ils se distinguent par leur grosse tête et leurs grands yeux. Ces derniers sont entourés d'un disque facial fait de plumes raides. Avec leurs yeux tournés vers l'avant, les Strigiformes ont un champ de vision relativement étroit, compensé par la grande mobilité de la tête, qui peut tourner de 180 à 270 degrés. Leurs longues plumes duveteuses augmentent le volume apparent de leur corps, et leurs ailes larges et leurs rémiges aux contours particuliers contribuent à rendre le vol silencieux et souple. Les pattes sont généralement couvertes de plumes, comme les doigts, dont deux sont tournés vers l'avant et deux vers l'arrière. En raison de leurs serres recourbées et de leur bec crochu, les rapaces nocturnes étaient autrefois rangés aux côtés des rapaces diurnes. Ils sont en fait plus proches des engoulevents, dont ils descendent. On distingue les chouettes à tête ronde des hiboux qui portent deux aigrettes semblables à des oreilles sur les côtés de la tête. Ce chapitre traite également des engoulevents (Caprimulgiformes), autres chasseurs de la nuit.

Effraie des clochers, Chouette effraie [233] *(Tyto alba)*

De taille moyenne, l'Effraie des clochers est présente sur tous les continents. Habituée à vivre à proximité de l'homme, elle s'installe dans les vieux bâtiments, les ruines et les clochers. Les trois premières rémiges ont une forme de peigne, assurant un vol

◄ 232

233

234

235

totalement silencieux. La « dame blanche » est capable de chasser dans l'obscurité totale grâce à son ouïe exceptionnelle.

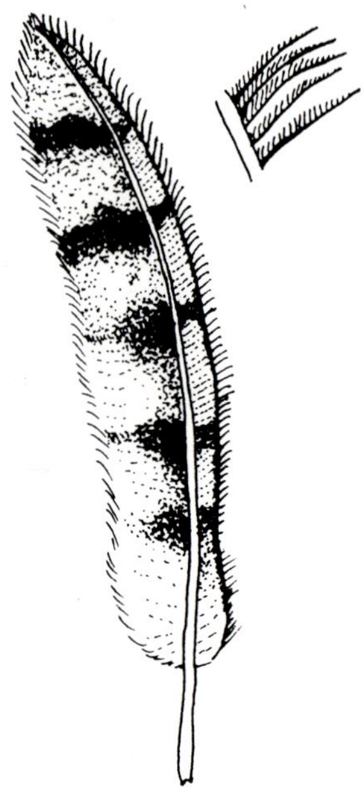

Les rémiges primaires (1) des hiboux ont le rebord en forme de peigne (2), afin d'assurer un vol parfaitement silencieux.

Les rapaces nocturnes ont deux doigts tournés vers l'avant et deux vers l'arrière.
Leurs pieds sont généralement emplumés.

236

Chouette des terriers [234] *(Speotyto cunicularia)*

Cette petite chouette américaine aux longues pattes niche dans des terriers abandonnés de mammifères. Les autres rapaces nocturnes ne font pas non plus de nid et occupent les nids abandonnés ou les cavités, dans les arbres ou les rochers. La femelle couve seule les œufs arrondis, tandis que le mâle la nourrit. Comme elle commence à couver dès la ponte du premier œuf, les jeunes éclosent les uns après les autres. En cas de disette, les aînés, plus vigoureux, dévorent parfois les plus jeunes.

Grand-duc d'Europe, Hibou grand-duc [235] *(Bubo bubo)*

Le Grand-duc d'Europe, qui vit en Europe, en Asie et en Afrique du Nord, est l'un des plus grands rapaces nocturnes, avec une envergure de près de 2 m pour un poids de 3 kg. Comme chez les autres Strigiformes, la femelle est bien plus grosse que le mâle. Le Grand-duc d'Europe se nourrit de petits mammifères et d'oiseaux. Sa force lui permet d'emporter des proies presque deux fois plus lourdes que lui. Il vit longtemps, le record étant de soixante-trois ans en captivité.

Chouette à lunettes [236] *(Pulsatrix perspicillata)*

La Chouette à lunettes est une grande chouette du Mexique et d'Amérique du Sud. Elle vit près de l'eau dans les forêts tropicales humides. L'acuité visuelle des Strigiformes est attestée par la taille de leurs yeux : une chouette de taille moyenne a les yeux aussi gros que ceux d'un homme. Les rapaces nocturnes voient aussi bien le jour que la nuit. Alors que les autres oiseaux relèvent la paupière inférieure pour fermer les yeux, les Strigiformes abaissent la paupière supérieure, à la manière des humains.

237

Chouette lapone [237] *(Strix nebulosa)*

La Chouette lapone vit dans le nord de l'Europe, de l'Asie et de l'Amérique du Nord. La bonne vue des chouettes s'accompagne d'une ouïe performante : les rapaces nocturnes peuvent non seulement entendre le moindre son produit par leurs proies, mais aussi localiser celles-ci avec précision, car les deux oreilles ne perçoivent pas le son exactement au même moment. La Chouette lapone parvient ainsi à capturer des petits rongeurs cachés sous la neige.

Chevêchette d'Europe [238] *(Glaucidium passerinum)*

238

C'est la plus petite espèce des rapaces nocturnes avec une envergure de 35 cm pour un poids de 60 à 70 g. Elle habite l'Europe et l'Asie. Certaines chevêchettes américaines ou africaines ne dépassent pas 12 cm de long. Elles signalent leur territoire par un sifflet mélodieux. La Chevêchette d'Europe chasse des petits mammifères, des oiseaux et parfois des insectes. Chez les Strigiformes, les restes indigestes comme les poils, les plumes et les os, sont régurgités sous forme de pelotes.

239

Harfang des neiges, Chouette harfang [239] *(Nyctea scandiaca)*

C'est une chouette des régions arctiques d'Europe, d'Asie et d'Amérique du Nord. Elle capture des mammifères et des oiseaux, mais, pendant la saison de reproduction, elle se nourrit surtout de lemmings. Les fluctuations importantes de leurs populations font de l'Harfang un oiseau nomade. Les bonnes années, où les lemmings sont abondants, la femelle peut pondre jusqu'à 12 œufs, contre 2 ou 3 les mauvaises années. À cette saison, le jour est permanent et l'Harfang des neiges doit chasser en pleine lumière.

240

241

Chouette épervière [240] *(Surnia ulula)*

La Chouette épervière fréquente les toundras arctiques d'Eurasie et d'Amérique du Nord. Elle chasse les petits rongeurs et les oiseaux, même en plein jour. Elle niche dans les vieux nids de corneille ou de rapaces diurnes. La femelle couve seule. Les jeunes naissent aveugles et couverts d'un duvet blanc qui fera place à un second duvet, brun.

Podargue gris, Grand Podargue [241] *(Podargus strigoides)*

Le Podargue gris est le plus grand des Caprimulgiformes, un ordre qui réunit cent quatre espèces crépusculaires ou nocturnes (engoulevents et podargues). Cette espèce australienne ne se nourrit pas en vol, comme les autres, mais se perche sur une branche pour guetter ses proies. À la différence des engoulevents, les podargues construisent un nid de branchettes. Autre Caprimulgiforme, le Guacharo des cavernes, une espèce frugivore d'Amérique du Sud, vit dans des grottes où il s'oriente d'après l'écho de ses propres émissions sonores *(écholocation)*, à la manière des chauves-souris. Il y bâtit un nid de boue et de fientes.

Engoulevent d'Europe [242] *(Caprimulgus europæus)*

L'Engoulevent d'Europe niche en Europe et en Asie. Son plumage épais est camouflé. Il a une grosse tête avec de grands yeux ronds et un bec plat. Les engoulevents chassent les insectes en vol, qu'ils capturent grâce à une très grande bouche bordée de vibrisses dures qui rabattent les proies vers le bec. Leurs pattes et leurs doigts sont si courts qu'ils ne peuvent agripper les branches. Les engoulevents ne construisent pas de nid, mais pondent dans une dépression du sol. La nichée est élevée par les deux adultes.

242

243

Colibri anaïs [243] *(Colibri coruscans)*.

Chapitre 16 LES AS DE LA VOLTIGE

Les ordres des Trochiliformes et des Apodiformes comprennent 404 espèces de colibris, ou oiseaux-mouches, et de martinets, les voiliers les plus accomplis de toute la classe des oiseaux. Leurs corps sont parfaitement aérodynamiques et, en vol, ils replient leurs très courtes pattes sous les plumes. Leurs humérus sont réduits et leurs ailes effilées portent des rémiges primaires allongées. Les martinets peuvent dépasser la vitesse de 100 km/h et les colibris peuvent voler sur place ou à reculons. Les martinets sont les plus aériens des oiseaux et passent la plus grande partie de leur vie en vol, se nourrissant, dormant et même s'accouplant en l'air, fait unique chez les oiseaux. La femelle ne pond généralement que 2 œufs couvés par les deux parents, sauf chez les colibris. Les jeunes naissent aveugles et nus.

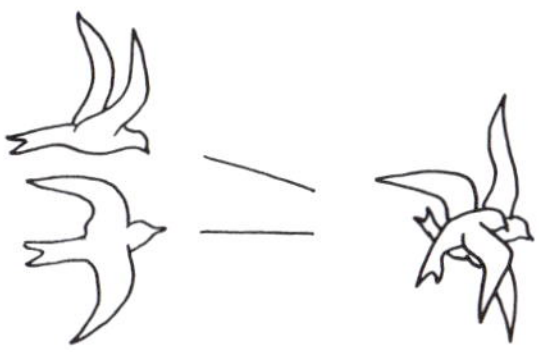

Les martinets sont les seuls oiseaux qui s'accouplent en vol.

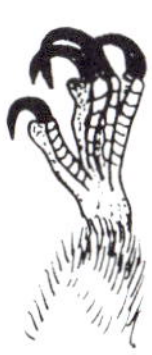

Les salanganes sont des martinets tropicaux qui construisent des nids de salive pure à l'intérieur des grottes.

244

Martinet noir [244] *(Apus apus)*

Le Martinet noir est un oiseau d'Eurasie. Il ne reste que trois ou quatre mois dans son aire de reproduction et passe le reste de l'année dans ses quartiers d'hiver, dans les régions tropicales. Lorsque l'oiseau s'agrippe au nid, les quatre doigts sont tournés vers l'avant, mais lorsqu'il grimpe, le doigt interne est opposé aux trois autres. Il capture des insectes et des araignées en vol et nourrit ses petits de proies agglomérées avec de la salive. Chaque agglomérat de 3 g contient 1 500 insectes. Si un coup de froid survient, la température corporelle diminue et l'oiseau entre en état de torpeur. La Salangane à nids blancs, qui vit en Malaisie et en Indonésie, niche dans des grottes où elle s'oriente par écholocation. Son nid, fait de salive presque pure, est connu des gastronomes sous le nom de « nid d'hirondelle ». Quant au Martinet des palmes, il colle son nid et ses œufs sur des feuilles de palmier.

Émeraude splendide [245] *(Chlorostilbon aureoventris)*

Ce colibri est l'un des plus petits oiseaux du monde et ne pèse que 2 à 20 g. Il se nourrit de petits insectes et de nectar.

245

246

Colibri à gorge rubis [246] *(Archilochus colubris)*

Comme tous les oiseaux-mouches, le Colibri à gorge rubis vole très vite et avec adresse. Selon leur façon de battre des ailes, les colibris peuvent voler sur place, avancer ou reculer à une vitesse stupéfiante. Ils effectuent jusqu'à 78 battements d'ailes à la seconde. De telles évolutions, rappelant les performances d'un hélicoptère, exigent une énorme dépense d'énergie. La nuit, les colibris entrent en torpeur et réduisent leur température corporelle pour économiser l'énergie. L'aire de répartition du Colibri à gorge rubis s'étend le long du littoral atlantique des États-Unis, depuis le sud du Canada. La femelle couve ses 2 œufs pendant seize jours. Ce colibri migre en Amérique centrale en traversant le golfe du Mexique, véritable performance pour un oiseau si petit.

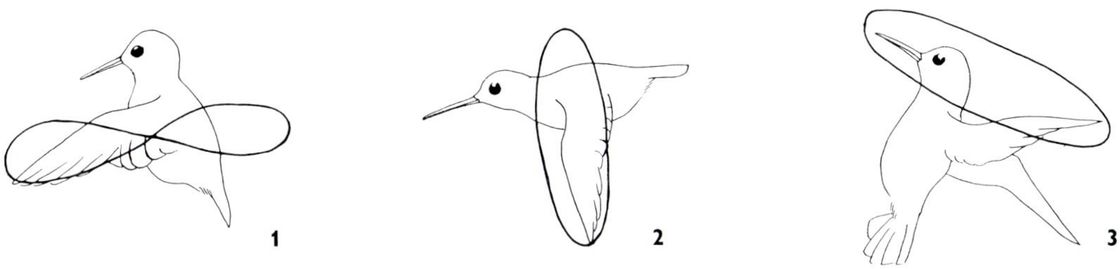

Mouvement des ailes d'un colibri :
vol sur place (1), vers l'avant (2), vers l'arrière (3).

247

Inca céleste [247] *(Cœligena cœligena)*

L'Inca céleste est une espèce sud-américaine. Les oiseaux-mouches sont remarquables non seulement par leur plumage chatoyant, mais aussi par la forme et la longueur de leur bec, résultat d'une longue évolution qui les a conduits à se nourrir de nectar. Les espèces de petite taille, au bec plus court, défendent un territoire alimentaire

248

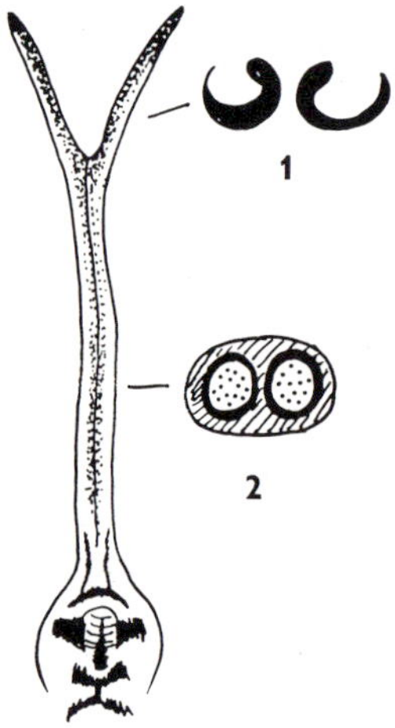

Langue tubulaire des colibris : coupe transversale du bout (1) et du milieu (2) de la langue.

englobant 7 000 fleurs environ, tandis que les grandes espèces, au bec long, ne défendent pas de territoire mais se déplacent pour trouver leur nourriture.

Coquette à raquettes [248] *(Discosura longicauda)*

En buvant du nectar, les colibris pollinisent les fleurs.

La Coquette à raquettes est un beau colibri de l'est du Venezuela, des Guyanes et de l'est du Brésil. Ses deux rectrices externes ont un étendard circulaire rappelant une raquette. Les plumes des colibris mâles sont conformées de façon à scintiller dans la lumière, ce qui explique leurs belles couleurs chatoyantes. La Coquette à raquettes met en valeur sa superbe queue au cours de la parade nuptiale. Certains colibris portent des huppes qui servent lors de ces cérémonies.

Colibri anaïs [243, 249, 250, 251] *(Colibri coruscans)*

Le Colibri anaïs est un oiseau du Venezuela, mais on peut le rencontrer de la Colombie au nord-est de l'Argentine. Il chasse les insectes en vol ou les capture dans les corolles des fleurs ainsi que dans les toiles d'araignée. Pour boire le nectar, les oiseaux-mouches se servent de leur longue langue tubulaire, spécialement adaptée. Comme chez les pics, la langue est très mobile. Elle est dotée de bourgeons du goût grâce auxquels l'oiseau s'assure de la qualité du nectar. Le nectar, riche en sucres, est rapidement digéré. En visitant les fleurs pour se nourrir, les colibris assurent la pollinisation croisée (d'une fleur à l'autre), et de nombreuses fleurs se sont adaptées à la pollinisation par les oiseaux-mouches.

249

250
251

252

253

Ermite à brins blancs [252] *(Phætornis superciliosus)*

L'Ermite à brins blancs vit dans les forêts d'Amérique centrale et du Brésil. Malgré sa petite taille, il est très agressif, comme tous les colibris. En effet, les oiseaux-mouches attaquent non seulement leurs congénères, mais aussi les gros oiseaux qui pénètrent sur leur territoire, non sans avoir d'abord menacé l'intrus en étalant la queue. Avant l'accouplement, l'agressivité mutuelle des partenaires est inhibée par les spectaculaires parades aériennes des mâles, dont la forme varie d'une espèce à l'autre. Dès que la femelle a choisi son partenaire, elle participe à la parade, puis le nourrit de nectar. L'accouplement a lieu ensuite.

Colibri d'Anna [253] *(Calypte anna)*

Le Colibri d'Anna vit en Californie et dans le nord de la Basse-Californie (Mexique). Aussitôt après l'accouplement, le mâle quitte la femelle, qui construit un nid suspendu à une branche ou fixé contre un rocher. Le nid a un diamètre de 3,5 cm pour une hauteur équivalente. C'est une coupe dans laquelle la femelle pond 2 œufs longs de 2,5 cm et pesant 0,2 g. Elle les couve pendant quatorze à dix-neuf jours et les jeunes naissent nus, munis d'un bec court. L'âge d'envol est de 15 jours et la maturité sexuelle est atteinte rapidement.

254

Chapitre 17

ÉCLATANTES PARURES

Momot houtouc,
Grand Momot [254]
(Momotus momota).

Ce chapitre nous présente trois ordres d'oiseaux particulièrement colorés. Les martins-pêcheurs, guêpiers et rolliers (Coraciiformes) représentent 200 espèces, dont la particularité est d'avoir les doigts antérieurs partiellement soudés. Les membres de cet ordre diffèrent beaucoup par la taille et la silhouette – depuis les oiseaux pesant 4 g à 4 kg. Ils nichent dans des trous et les jeunes naissent aveugles et nus. Les Trogoniformes (trogons, couroucous et quetzals) comprennent 39 espèces tropicales répandues en Amérique du Sud, en Afrique et en Asie. Le Quetzal resplendissant est certainement le plus beau de tous. Il possède deux doigts tournés vers l'avant et deux vers l'arrière, se nourrit de fruits et parfois d'insectes. Enfin, les colious forment l'ordre des Coliiformes, avec 6 espèces, toutes africaines. Ces « oiseaux-souris » sont frugivores. Leur vie collective est d'un grand intérêt.

Martin-pêcheur d'Europe [255, 256] *(Alcedo atthis)*

Le Martin-pêcheur d'Europe est l'un des oiseaux eurasiens les plus colorés. On le rencontre également en Afrique du Nord. C'est un oiseau solitaire, qui défend son territoire avec énergie et ne vit en couple qu'à la saison des nids. Les martins-pêcheurs sont

255

256

257

caractérisés par une grosse tête, une queue et des pattes courtes, un bec fort. Ils vivent en général près de l'eau et se nourrissent de poissons et d'insectes. Le nid est creusé dans les berges des rivières, surplombant l'eau. Au bout du tunnel d'entrée, long de 70 cm à 1,5 m, se trouve une chambre où la femelle pond 6 ou 7 œufs blancs. Les parents se relaient pour couver pendant quinze jours. Les petits naissent nus et leurs parents les nourrissent dix semaines durant.

Martin-chasseur de Smyrne [257] *(Halcyon smyrnensis)*

Le Martin-chasseur de Smyrne vit en Asie. La femelle pond de 5 à 8 œufs ; les parents se relaient pour couver pendant 18 à 24 jours. Une semaine après l'éclosion, les jeunes plumes pointent à travers la peau des petits, leur donnant l'aspect d'un hérisson. Le nom scientifique de l'espèce rappelle la légende d'Alcyoné, fille d'Éole, dieu des Vents, qui se jeta dans la mer après avoir découvert le corps de son époux, Céyx, noyé au cours du naufrage de son navire. Les dieux les transformèrent tous deux en martins-pêcheurs.

Martin-pêcheur pygmée [258] *(Ispidina picta)*

Le Martin-pêcheur pygmée est une espèce d'Afrique tropicale. Il pêche à la manière typique des martins-pêcheurs, en se perchant sur une branche surplombante pour guetter les poissons. Dès qu'il aperçoit une proie, il plonge en piqué et la capture sous l'eau. Puis il l'emporte sur son perchoir, la frappe contre la branche pour la tuer et l'avale tête la première.

Martin-chasseur à ailes bleues, Kookaburra à ailes bleues [259] *(Dacelo leachii)*

Le Martin-chasseur à ailes bleues vit en Nouvelle-Guinée et dans le nord et l'ouest de l'Australie, où il fréquente les bois clairs et les savanes. Il niche dans des cavités ou creuse un trou dans une termitière. Chez tous les martins-pêcheurs, les jeunes sont assis en rond dans le nid, becs pointés vers l'extérieur. Après avoir été nourri, le jeune qui fait face au tunnel se retourne et défèque dans le tunnel. Puis il se décale d'un cran pour laisser la place au suivant. Les parents ne nettoient pas le tunnel.

258

259

260

Martin-chasseur géant, Kookaburra rieur [260] *(Dacelo gigas)*

C'est le plus grand des martins-pêcheurs d'Australie. Son cri étrange évoque un rire, d'où son nom. Il habite aussi bien les forêts claires que les parcs publics en ville. Il se nourrit d'insectes, de crabes, de petits vertébrés, et s'empare même de jeunes oiseaux. C'est un oiseau populaire car il mange aussi des serpents.

Rollier à longs brins [261] *(Coracias caudata)*

Le Rollier à longs brins habite les plaines tropicales d'Afrique, mais les rolliers sont répandus en Europe, en Asie, en Australie et à Madagascar. Ce sont des oiseaux arboricoles au bec fort et au plumage coloré. Ils capturent avec adresse insectes et petits

261

262

263

vertébrés. Ils nichent dans des trous d'arbres à même le bois. La femelle couve seule les 2 à 5 œufs, puis les deux parents coopèrent au nourrissage de la nichée, pendant trente jours environ.

Huppe fasciée [262] *(Upupa epops)*

La Huppe fasciée vit en Europe, en Asie et en Afrique. Elle recherche les milieux ouverts et mange des insectes et leurs larves, qu'elle capture dans les excréments des grands ongulés. Elle niche dans des trous et les œufs sont couvés par la femelle seule. Les deux parents nourrissent la nichée mais ne nettoient pas le nid quand celui-ci est trop petit. En cas de danger, les jeunes se défendent en soufflant et en projetant des déjections accompagnées de l'odeur nauséabonde de leur sécrétion uropygienne.

Guêpier d'Europe [263] *(Merops apiaster)*

Le Guêpier d'Europe niche en Europe méditerranéenne, en Asie et en Afrique du Nord, ainsi qu'en Afrique du Sud. Les guêpiers sont des oiseaux tropicaux aux couleurs vives et aux longues ailes pointues. Ils capturent les insectes en vol, puis se perchent et tuent leurs proies en les frappant à plusieurs reprises contre la branche. Ils nichent en colonies et creusent des tunnels longs de 70 cm à 1,50 m dans les parois sablonneuses des rivières ou des carrières. Les jeunes naissent nus et sont élevés par le couple.

Cette femelle de calao s'emmure dans un creux d'arbre à l'aide de boue et de fientes. Le mâle nourrit la famille par une fente étroite.

264

Calao bicorne [264] *(Buceros bicornis)*

Ce grand calao fréquente les jungles d'Asie méridionale. La femelle pond 2 œufs dans une cavité, puis, aidée du mâle, s'emmure à l'aide d'un mélange de boue et de fientes, ne laissant qu'une fente verticale pour le nourrissage et la défécation. Pendant son séjour au nid, la femelle mue ses plumes de vol. À l'éclosion, quarante jours plus tard, les jeunes ont la mandibule inférieure plus longue que l'autre. Pendant tout le temps de la nidification, le mâle ravitaille les siens avec quelque 1 600 morceaux de fruits, représentant un total de quinze fruits. Quatre-vingts jours après l'éclosion, la femelle brise la paroi et s'envole avec les jeunes.

265

Calao rhinocéros [265, 266] *(Buceros rhinoceros)*

Le Calao rhinocéros est une espèce asiatique. Les 46 espèces de calaos se répartissent en nombre à peu près égal entre l'Asie et l'Australie d'une part, l'Afrique d'autre part. Les calaos d'Asie ont un régime à base de fruits, d'insectes et de petits vertébrés. Leurs aliments contenant beaucoup d'eau, les calaos s'abreuvent rarement. Leur casque ornemental caractéristique est relativement léger car il n'est pas plein mais fait de traverses osseuses recouvertes de corne. Décoré de gravures, ce casque sert d'ornement dans l'art oriental.

266

267

Quetzal pavonin [267] *(Pharomachrus pavoninus)*

De la taille d'une tourterelle, le Quetzal pavonin est un habitant des forêts tropicales humides sud-américaines. Tous les Trogoniformes sont pourvus d'un bec assez fort dont ils se servent pour creuser leur nid dans des troncs pourrissants. Ils possèdent deux doigts tournés vers l'avant et deux vers l'arrière. Malgré leurs couleurs splendides, il est difficile d'apercevoir ces oiseaux dans la jungle. En effet, ils se tiennent immobiles dans les feuillages élevés et ne s'élancent que pour capturer un insecte ou manger un fruit. Les jeunes naissent aveugles et nus. La cavité de nidification n'étant pas tapissée par les parents, les oisillons portent sur les talons des excroissances cornées qui les protègent et sur lesquelles ils reposent.

Coliou huppé [268] *(Urocolius macrourus)*

Le Coliou huppé se distingue par sa très longue queue. Les colious ont de longues plumes très douces et portent une huppe. Ils se faufilent avec agilité dans les fourrés les plus épais, se nourrissant de bourgeons, de fleurs et de fruits. Ils nichent souvent à proximité des nids de guêpes, qui les protègent des prédateurs. Pour dormir, ils se serrent les uns contre les autres sur les branches, ce qui les protégerait de la fraîcheur nocturne.

268

269

Barbu à plastron rouge [269] *(Megaleima hæmacephala)*.

Chapitre 18

LES FORTS EN BEC

L'ordre des Piciformes comprend 386 espèces très différentes de forme, de taille et de coloration : jacamars, barbacous, barbus, toucans au bec énorme, pics et indicateurs. Ces derniers sont des oiseaux africains remarquables qui se nourrissent de cire. Deux espèces d'indicateurs ont en effet un comportement très particulier : lorsqu'ils repèrent un nid d'abeilles, ils attirent un ratel (sorte de blaireau) ou un humain, qui pille le nid pour manger le miel. L'oiseau en profite pour se délecter des débris de cire. De plus, les indicateurs sont des parasites qui pondent dans les nids des barbus. Les Piciformes ont tous deux doigts tournés vers l'avant et deux vers l'arrière. Ils nichent dans des trous d'arbres à même le bois. Les jeunes reposent sur leurs talons, garnis d'excroissances cornées protectrices qui disparaissent après l'envol.

Barbican bidenté [270] *(Lybius bidentatus)*

Le Barbican bidenté est répandu dans toute l'Afrique tropicale. D'autres espèces de barbus vivent dans le sud de l'Asie et en Amérique du Sud. Leur nom provient des longues vibrisses qui entourent la base de leur bec. En dépit de leurs pattes et de leur queue courtes, ils grimpent avec agilité. Ils mangent des fruits, des bourgeons, des

270

271

insectes et des larves. Certaines espèces de grande taille capturent également des lézards et de jeunes oiseaux.

Toucan ariel [271] *(Ramphastos vitellinus)*

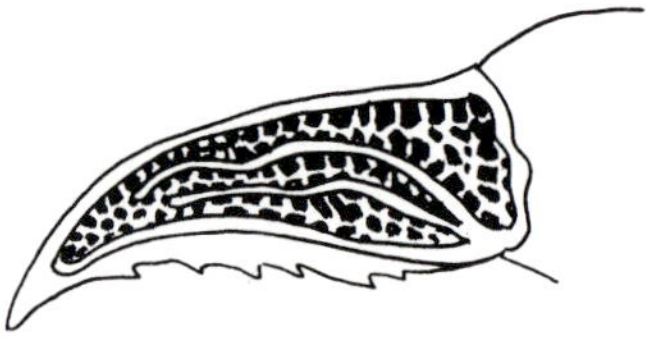

L'énorme bec des toucans est en réalité très léger car il est fait de traverses osseuses.

Tous les toucans vivent dans les jungles sud-américaines, mais le Toucan ariel est surtout présent dans l'est du Brésil. Les toucans attirent l'attention par leur bec énorme, à la fois léger et solide grâce à un réseau de fibres osseuses recouvert de corne. La mandibule inférieure est dentelée pour assurer la prise du bec sur les fruits, dont les toucans sont friands. La plupart de ces fruits poussent à l'extrémité de petites branches et seraient hors de portée de ces gros oiseaux sans un bec approprié. Celui-ci les aide également à conserver leur équilibre lorsqu'ils se déplacent dans les arbres.

Toucan à bec rouge [272] *(Ramphastos tucanus)*

Les différentes espèces de toucans diffèrent par la coloration du plumage, mais aussi par celle du bec. Ils ont une longue queue et de courtes ailes. Lorsqu'il séjourne dans un tronc d'arbre pour dormir ou pour nicher, le Toucan à bec rouge redresse la queue verticalement afin de ne pas l'écraser. Il vit en bandes, sauf pendant la saison de reproduction.

Toucan toco [273] *(Ramphastos toco)*

La femelle du Toucan toco pond de 2 à 4 œufs et les jeunes naissent aveugles et nus. Les

272

parents les nourrissent pendant cinquante jours car leur croissance est lente. Le Toucan toco peut mesurer 60 cm de long et son bec atteint 23 cm.

273

Pic vert [274] *(Picus viridis)*

Le Pic vert, communément appelé « pivert », qui habite l'Europe et le Moyen-Orient, est le mieux connu des pics. Pour lui permettre de grimper le long des troncs, ses pattes possèdent de fortes griffes, tandis que son corps repose sur des rectrices résistantes mais souples. De plus, la queue amortit les chocs quand l'oiseau creuse le bois à grands coups de bec. Celui-ci est long et pointu comme un ciseau. L'oiseau s'en sert aussi pour marquer son territoire et attirer une femelle en tambourinant sur des branches sèches, qui résonnent mieux.

Pic noir [275] *(Dryocopus martius)*

Habitant des forêts, le Pic noir est le plus grand des pics eurasiens. Pour capturer les insectes et les larves dont il se nourrit, il creuse le bois d'un coup de bec, puis insère sa

274

275

276

Les pics peuvent avancer la langue très loin. Lorsque celle-ci est rétractée, les cornes de l'os hyoïde s'enroulent autour du crâne et rejoignent la narine droite.

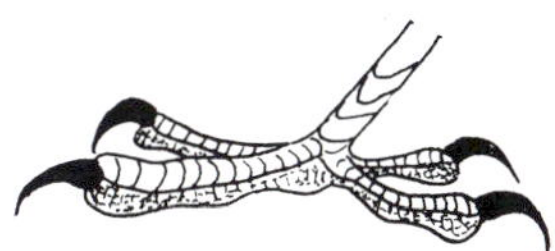

La patte des pics et des toucans. Deux doigts sont tournés vers l'avant et deux vers l'arrière, ce qui facilite le grimpement aux pics (les toucans ne grimpent pas malgré la patte formée de la même façon).

longue langue à l'extrémité pointue munie de barbes piquantes. Il peut ainsi piquer ses proies ou les engluer sur sa langue recouverte d'une salive épaisse. Le Pic noir peut avancer sa langue de 10 cm. Les pics sont friands de fourmis et les espèces du genre *Sphyrapicus* apprécient particulièrement la sève des arbres.

Pic mar [276] *(Dendrocopus medius)*

Ce petit pic européen fréquente les bois de feuillus ou mixtes feuillus-résineux. Il creuse sa propre cavité de nidification, où la femelle pond 5 œufs sur un lit de copeaux. Les deux parents couvent pendant douze jours. Les jeunes, nus et aveugles, grandissent rapidement et quittent le nid à l'âge de 18 jours.

277

Coq-de-roche péruvien [277] *(Rupicola peruviana)*.

Chapitre 19

LES MAÎTRES CHANTEURS

Les passereaux, ou Passériformes, sont de loin l'ordre le plus important, avec 5 355 espèces, soit plus de la moitié des oiseaux actuels. Les passereaux, derniers oiseaux apparus, étaient à l'origine arboricoles, mais de nombreuses espèces se sont adaptées ultérieurement à une vie terrestre. Le plus petit d'entre eux est la Mésange pygmée de Java, avec 4 g, les plus gros étant les oiseaux-lyres et le Grand Corbeau, dont certains pèsent plus de 1,3 kg. Les passereaux prodiguent à leurs jeunes des soins élaborés. Aussitôt après l'éclosion, les oisillons quémandent en ouvrant un large bec. Leur bouche vivement colorée, aux commissures jaunes, provoque le nourrissage par les parents. Ceux-ci nettoient le nid, emportant les fientes des jeunes emballées dans une sorte de sac membraneux. Les passereaux ont l'organe du chant (ou syrinx) le plus développé des oiseaux, possédant jusqu'à cinq paires de muscles syringiens responsables des modulations du chant.

Eurylaime vert [278] *(Calyptomena viridis)*

L'Eurylaime vert est un oiseau d'Asie du Sud-Est, mais d'autres espèces d'eurylaimes vivent en Afrique. Le syrinx simple de ces oiseaux ne comprend qu'une seule paire de muscles syringiens. Leur bec, à grande ouverture, est entouré d'une touffe de vibrisses sensibles au toucher. Les eurylaimes, encore appelés « faux gobemouches », chassent les insectes, mais l'Eurylaime vert se nourrit aussi de fruits. Les eurylaimes construisent des nids suspendus en forme de poire, faits d'herbe et de mousse et décorés de lichens et de fibres végétales.

278

279

Brève azurine, Brève à queue bleue [279] *(Pitta guajana)*

La Brève azurine vit dans le sud de l'Asie. Les brèves sont des passereaux primitifs joliment colorés, à la queue courte et aux longues pattes. Ces oiseaux terrestres

280

Les fourniers bâtissent d'énormes nids comportant une entrée et une chambre de nidification.

281

282

mangent des insectes, des mollusques et des lézards. Ils font des nids en forme de coupe et nichent à terre dans les sous-bois des jungles d'Afrique et d'Asie.

Fournier roux [280] *(Furnarius rufus)*

Les fourniers sont des passereaux sud-américains connus pour leur habileté architecturale. Certains creusent des tunnels de 1 à 3 m de long, d'autres bâtissent un nid sur un support. Plus petit qu'une grive, le Fournier roux fait un nid de boue et de bouse placé au sommet d'un piquet, pesant jusqu'à 6,7 kg. Le nid comporte une entrée et une chambre de nidification. La construction par le couple ne dure que dix à seize jours et nécessite quelque deux mille allers et retours.

Coq-de-roche orange [281] *(Rupicola rupicola)*

Les coqs-de-roche (deux espèces) sont des cotingas sud-américains habitant les forêts tropicales humides. Ils sont exclusivement frugivores. Leur plumage vivement coloré joue un rôle important pendant la parade collective des mâles. Sur une arène de 6 m de diamètre, chacun se ménage une petite surface où il parade. De loin, l'arène ressemble alors à un parterre de fleurs orange en mouvement. Les femelles observent attentivement et choisissent leur partenaire.

Cotinga de Daubenton [282] *(Cotinga cotinga)*

Les cotingas sont des passereaux sud-américains au plumage souvent coloré. La structure de leurs plumes produit des irisations à chaque mouvement du corps. Le Cotinga de Daubenton est un oiseau frugivore au bec puissant et crochu. Il se déplace constamment en quête de fruits mûrs.

283
284

285

Cotinga pompadour [283 – mâle, 284 – femelle] *(Xipholena punicea)*

Le comportement social des cotingas s'est adapté à leur alimentation frugivore. En effet, l'abondance de fruits leur permet de consacrer beaucoup de temps à leurs parades nuptiales complexes. Le Cotinga pompadour mâle, au plumage coloré, cherche à attirer et à féconder le plus grand nombre possible de femelles, qui bâtissent le nid et élèvent seules la nichée.

Manakin à longue queue [285] *(Chiroxiphia caudata)*

Les manakins sont des oiseaux sud-américains apparentés aux cotingas. Leur comportement nuptial est unique : deux ou trois mâles se perchent côte à côte près d'une femelle, agitant les ailes et chantant. Soudain, le mâle le plus proche s'envole et volette devant la femelle. Dès qu'il a terminé sa parade, il va se poser à l'autre bout du rang et le mâle suivant répète le manège. Les mâles peuvent ainsi se relayer plusieurs fois avant que la femelle choisisse l'un d'entre eux.

286

287

Ménure en parade.

Araponga à gorge nue [286] *(Procnias nudicollis)*

Apparentés aux cotingas, les arapongas, ou oiseaux-cloches, se distinguent par leurs cris perçants et métalliques rappelant le son des cloches. Les arapongas à gorge nue mâles se perchent dans les arbres, bec grand ouvert, et s'affrontent en duos vocaux. La femelle choisira ensuite son partenaire.

Alouette des champs [287] *(Alauda arvensis)*

Les alouettes sont des passereaux véritables qui se nourrissent et nichent à terre. L'Alouette des champs vit en Europe, en Asie et en Afrique du Nord. Camouflée par son plumage brunâtre, on la rencontre aussi bien dans les cultures que dans les steppes et les déserts. Pour marquer son territoire, elle chante de longues minutes sans s'arrêter pendant qu'elle s'élève dans le ciel.

Ménure superbe, Oiseau-lyre superbe [288] *(Menura novæhollandiæ)*

Particulier à l'Australie, le Ménure superbe est l'un des plus gros passereaux, mais il ressemble plutôt à un faisan par sa silhouette, sa taille et ses longues pattes puissantes dont il se sert pour gratter le sol. Le mâle possède une queue magnifique, avec les deux rectrices externes en forme de lyre et les deux centrales filiformes. Lors de la parade nuptiale, qui a lieu sur une petite arène, le mâle bascule la queue par-dessus sa tête et cherche à attirer les femelles par un chant puissant, souvent enrichi par des imitations d'autres oiseaux, de klaxon, voire d'aboiements. La femelle construit seule son nid, dans lequel elle pond un œuf gros comme un œuf de poule.

288

Hirondelle rustique, Hirondelle de cheminée [289] *(Hirundo rustica)*

Le syrinx est situé à la base de la trachée, à la jonction des deux bronches.

L'Hirondelle rustique niche en Europe, en Asie et en Amérique du Nord. Ses ailes fines et pointues trahissent son excellente aptitude au vol : en effet, elle chasse les insectes, boit et se baigne en vol. Sa queue fourchue est pourvue de deux rectrices externes allongées et ses pattes sont courtes. L'Hirondelle rustique nichait autrefois dans des sites rocheux, mais elle s'est peu à peu adaptée à la présence de l'homme et bâtit maintenant ses nids de boue, d'herbe et de plumes dans des constructions. La femelle pond en général 4 ou 5 œufs, qu'elle couve seule. Le père l'aidera à élever les jeunes, qui éclosent au bout de quinze ou seize jours. À l'automne, les hirondelles quittent leurs quartiers d'été pour aller hiverner sous les tropiques. Des changements soudains dans les conditions climatiques, notamment de température, peuvent causer une mortalité importante chez les jeunes ainsi que chez les individus en migration.

289

290

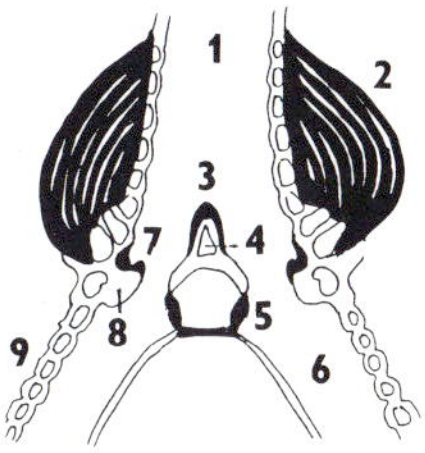

Les passereaux ont le syrinx le plus évolué : trachée (1), muscles syringiens (2), chevalet (3), membrane tympaniforme externe (4), membrane tympaniforme interne (5), bronche (6), anneaux cartilagineux de soutien (7).

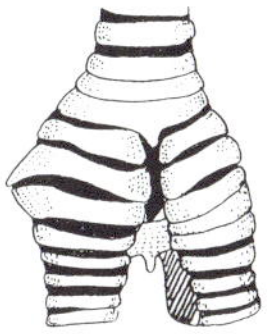

Syrinx vu de dessus.

Bulbul de Madagascar, Bulbul noir [290] *(Hypsipetes madagascariensis)*

Le Bulbul de Madagascar vit dans les forêts de Madagascar, mais d'autres espèces de bulbuls sont répandues dans toute l'Afrique et le sud de l'Asie. Ce sont de petits passereaux à queue allongée et ailes courtes. Leurs plumes sont longues et douces. Ces oiseaux frugivores parcourent de longues distances en quête de fruits mûrs. Plusieurs espèces vivent jusque dans les parcs et les jardins. Les bulbuls ont des chants clairs et puissants, parfois plus mélodieux que ceux des merles et des rossignols. Les mâles apprennent le chant de leur père pendant le séjour au nid. Parvenus à l'âge adulte, ils l'enrichissent des motifs d'autres mâles.

291

Bergeronnette printanière [291] *(Motacilla flava)*

La Bergeronnette printanière niche en Europe, en Asie et en Alaska. Les bergeronnettes se distinguent par leurs belles couleurs et leur longue queue, qu'elles secouent de haut en bas lorsqu'elles marchent, d'où leur autre nom de « hochequeues ». Elles font leur nid à terre, caché dans l'herbe. Les œufs sont couvés par les deux parents.

292

Cincle plongeur, Merle d'eau [292] *(Cinclus cinclus)*

Le Cincle plongeur est un petit passereau eurasien au plumage brun et blanc, pourvu d'une courte queue et de pattes puissantes. Il vit au bord des cours d'eau vifs et limpides, surtout en montagne. Pour pêcher les larves d'insectes et autres petits animaux, il marche sur le fond de l'eau, face au courant, grâce à son squelette lourd et à son plumage dense. Fait unique chez les passereaux, ses aptéries (zones de peau dépourvues de plumes) sont recouvertes de duvet, qui contribue à la protection contre le froid. Le Cincle plongeur fait un nid en boule surplombant l'eau, sur la roche ou les troncs. Les jeunes savent voler et nager dès qu'ils quittent le nid.

Troglodyte mignon [293] *(Troglodytes troglodytes)*

Le Troglodyte mignon est un petit oiseau insectivore à la queue redressée, aux pattes robustes et au long bec. Les troglodytes sont des oiseaux américains, mais le Troglodyte mignon s'est répandu en Europe et en Asie. Son milieu de vie est constitué par la végétation basse des haies et des bois. Il court beaucoup et vole moins souvent. Cet oiseau minuscule a un chant extrêmement puissant, plus fort que celui d'un coq.

293

294

Jaseur boréal, Jaseur de Bohême [294] *(Bombycilla garrulus)*

Le Jaseur boréal est un oiseau forestier des régions septentrionales d'Europe, d'Asie et d'Amérique du Nord. Les adultes possèdent à l'extrémité des plumes de vol des appendices cornés d'un rouge brillant, en forme de goutte et à l'aspect de cire. En été, dans les forêts nordiques, ils se nourrissent d'insectes et de moustiques. En hiver, ces oiseaux voraces consomment des baies de sorbier, de gui et de viorne, ainsi que les fruits de l'églantier. Souvent, la nourriture n'est que partiellement digérée. Ainsi, le Jaseur boréal contribue de manière significative à la dissémination du gui.

Accenteur mouchet [295] *(Prunella modularis)*

L'Accenteur mouchet est un petit passereau au plumage discret, pratiquement identique chez les deux sexes. Seules la tête et la poitrine sont d'un bleu gris. Comme tous les accenteurs, il vit en Europe et au Moyen-Orient et niche dans les buissons et les haies, d'où son surnom de « traîne-buisson ». En été, il se nourrit surtout d'insectes, tandis qu'il cherche des graines en hiver. Il arrive qu'un mâle s'associe à deux femelles ou une femelle à deux mâles. Le mâle dominant surveille la femelle et s'accouple avec elle, tandis que le subordonné participe à l'élevage de la nichée et à la défense du territoire.

295

Gobemouche vert-de-gris [296] *(Eumyias thalassina)*

Le Gobemouche vert-de-gris niche dans les forêts claires de feuillus ou de conifères, dans l'Himalaya, et hiverne en Asie méridionale. Les membres de la famille des gobemouches sont apparentés aux grives et aux fauvettes. Ils ont un bec aplati entouré de vibrisses sensibles. La plupart d'entre eux guettent les insectes depuis un perchoir, d'où ils fondent sur leurs proies. Il leur arrive de chasser en vol les insectes qui vivent sur la face inférieure des feuilles.

296

297

298

Rougegorge familier [297] *(Erithacus rubecula)*

Le Rougegorge familier appartient à la grande famille des Turdidés (grives, merles, rougequeues, rossignols, traquets, etc.). Oiseau d'Europe et d'Afrique du Nord, il niche fréquemment dans les bois, les haies, ainsi que dans les parcs et jardins, où il se révèle très peu farouche.

Grive mauvis [298] *(Turdus iliacus)*

La Grive mauvis est un passereau relativement gros, pourvu d'un bec et de pattes robustes. Elle niche dans les forêts de pins et de bouleaux du nord de l'Europe et de l'Asie. En été, elle mange des vers et des insectes capturés sur le sol, tandis qu'elle se nourrit de baies cueillies sur les arbres et les buissons en hiver, époque où elle s'installe en Europe de l'Ouest.

Fauvette à tête noire [299] *(Sylvia atricapilla)*

La Fauvette à tête noire appartient à une famille d'oiseaux eurasiens au bec fin, les Sylviidés. Elle possède un chant mélodieux, flûté, rappelant celui de sa parente, la Fauvette des jardins. Les individus d'Europe occidentale hivernent en Afrique de l'Ouest et en Grande-Bretagne, tandis que les oiseaux du centre et de l'est de l'Europe hivernent en Afrique de l'Est, après un voyage de 3 000 km. La Fauvette à tête noire fréquente les haies, les bosquets et les lisières, ainsi que les parcs et jardins.

Roitelet huppé [300] *(Regulus regulus)*

Avec un poids de 5 g, le Roitelet huppé, proche parent des fauvettes, est l'un des plus petits oiseaux d'Europe. Il se déplace avec agilité sur les branches des conifères, où il capture de petits insectes et des araignées. Il fait son nid vers l'extrémité des branches, l'attachant aux petits rameaux à l'aide de fils d'araignée. La femelle pond 5 à 8 œufs, d'un diamètre inférieur à 1,5 cm et pesant 0,7 g. Elle couve seule pendant 14 jours et les jeunes quittent le nid à l'âge de 15 ou 16 jours.

299

Phragmite des joncs [301] *(Acrocephalus schœnobænus)*

Les phragmites sont apparentés aux rousserolles, Sylviidés au bec et à la queue relativement longs. Leurs pattes sont adaptées à la vie dans les roseaux. Les phragmites et les rousserolles sont présents en Europe, en Asie, en Afrique et dans les îles du Pacifique.

300

301

302

Leurs nids sont des coupes arrimées aux tiges des roseaux. Le Phragmite des joncs niche en Europe, en Asie et en Afrique du Nord.

Gorge-bleue à miroir [302] *(Luscinia svecica)*

Ce bel oiseau eurasien s'est répandu jusqu'en Alaska. Le mâle a une superbe gorge bleue portant en son centre une tache contrastée blanche ou rousse, tandis que la gorge de la femelle est blanchâtre. L'espèce se nourrit d'insectes, de limaces et de graines.

303

Le gorge-bleue à miroir recherche les lieux humides, comme les rives des cours d'eau et des étangs.

Rossignol progné [303] *(Luscinia luscinia)*

Différent du Rossignol philomèle de nos contrées, le Rossignol progné est une espèce de l'Asie et de l'est de l'Europe. Il recherche les bois feuillus humides aux sous-bois touffus, les jardins abandonnés et les parcs. Il se nourrit d'insectes et de larves, d'araignées, de vers et de petites limaces. À la fin de l'été, il mange divers fruits et baies afin d'accumuler les réserves de graisse qui lui permettront d'entreprendre sa longue migration. Ces deux rossignols sont réputés pour leur superbe chant, qui débute par une strophe flûtée, augmente en volume puis se termine par un trille aux sons variés. Les vieux mâles ont un large répertoire vocal et chantent même la nuit.

304

Garrulaxe élégant [304] *(Garrulax formosus)*

Habitant de la Chine, le Garrulaxe élégant appartient à la famille très variée des Timaliidés, à l'aspect de petits Corvidés. Ce sont des oiseaux grégaires qui se déplacent en bandes pouvant compter trente individus. Le territoire est signalé par les chants de tous les membres de la troupe. En général, deux ou trois couples seulement nichent, tandis que les autres oiseaux contribuent à l'élevage de la nichée.

Yuhina à menton noir [305] *(Yuhina nigrimenta)*

Présent dans l'Himalaya et le sud de l'Asie, le Yuhina à menton noir est l'un des plus petits Timaliidés. Il vit en petites bandes et présente un comportement semblable à celui des mésanges. Les yuhinas se distinguent des babillards par leur huppe et leur longue queue. Ils ont en général un plumage brun et gris tacheté de blanc, de noir ou de marron. Certaines espèces vivent en Afrique, en Australie et en Nouvelle-Guinée. Leur alimentation se compose d'insectes, de fruits et de nectar.

Panure à moustaches, Mésange à moustaches [306] *(Panurus biarmicus)*

La Panure à moustaches est un oiseau européen qui s'est répandu en Asie. Elle vit en général dans les roseaux et grimpe adroitement le long des tiges. Elle fait son nid sur des roseaux cassés ou sur une touffe de laîche. Le palais des petits est orné de rangées de protubérances d'un blanc perle qui contrastent sur le fond noir cerné de rouge vif. Ce dispositif oriente les parents pour nourrir les oisillons, notamment au crépuscule. En été, la Panure à moustaches se nourrit d'insectes, en hiver de graines de roseaux. Ce changement d'alimentation se traduit par une épaisseur accrue de la paroi du gésier en hiver, car les graines sont plus difficiles à digérer.

Mésange à longue queue [307] *(Ægithalos caudatus)*

Rangée autrefois aux côtés des mésanges, la Mésange à longue queue appartient en réalité à une autre famille, celle des Ægithalidés. Ce sont des oiseaux grégaires qui s'agrippent adroitement aux branches les plus petites, où elles chassent les insectes. Elles bâtissent des nids sphériques à entrée latérale, qu'elles camouflent avec des lichens fixés par des fils d'araignée.

305

306

307

Mésange bleue [308] *(Parus cæruleus)*

Les mésanges sont présentes en Europe, en Asie, en Afrique et en Amérique du Nord, et forment la famille des Paridés. Ce sont de petits oiseaux insectivores au bec pointu. Leur plumage dense permet à certaines espèces de supporter des températures très basses. Elles nichent dans des trous d'arbres qu'elles tapissent soigneusement de poils et de plumes. La Mésange bleue femelle pond de 10 à 15 œufs ; elle couve seule, nourrie par le mâle. Les jeunes se développent très vite et quittent le nid vers l'âge de 15 ou 16 jours.

308

Grimpereau des jardins [309] *(Certhia brachydactyla)*

309

Les grimpereaux sont de petits passereaux eurasiens et nord-américains. Le Grimpereau des jardins, long de 12,5 cm environ, vit en Europe et en Asie, dans les forêts mélangées et les parcs, principalement en plaine. Il grimpe avec agilité le long des troncs et des branches à l'aide de ses longues griffes, recherchant les insectes de l'écorce qu'il déniche avec son bec fin et recourbé. Il utilise sa queue pour s'appuyer sur les troncs à la manière des pics.

310

Tichodrome échelette [310] *(Tichodroma muraria)*

Le Tichodrome échelette (famille des Sittidés) est un proche parent des sittelles, mais il s'en distingue par son long bec recourbé, ses petites pattes et ses longues griffes postérieures. Il vit dans les montagnes d'Europe et d'Asie, à une altitude généralement comprise entre 1 000 et 2 500 m. Il grimpe adroitement le long des falaises, des rochers et des ruines, inspectant les fissures à la recherche d'insectes et d'araignées. Il fait un nid de mousse, de lichen et d'herbe dans une anfractuosité qu'il tapisse de poils et de plumes. La femelle pond de 3 à 5 œufs qu'elle couve seule, le mâle participant à l'élevage des jeunes.

311

Irène vierge, Irène fée [311] *(Irena puella)*

Le mâle, au dos bleu vif et aux ailes d'un noir de velours, est l'un des plus beaux passereaux. La femelle, au plumage bleu-vert, est plus discrète. L'Irène vierge vit cachée dans la canopée des forêts denses d'Asie méridionale. Les irènes, qui appartiennent à la famille des Irénidés, vivent en couples et se joignent souvent aux troupes de calaos et de bulbuls attirés par les fruits mûrs. Ces oiseaux aiment également lécher le nectar des fleurs. L'Irène vierge fait un nid de mousse dans la couronne des arbres. La femelle pond 2 œufs.

312

Soui-manga bronzé [312] *(Nectarinia kilimensis)*

Le Soui-manga bronzé est une espèce africaine de la famille des Nectariniidés et est répandu du sud de l'Asie jusqu'à l'Australie. Avec leur plumage coloré et leur alimentation à base de nectar, les soui-mangas ressemblent beaucoup aux colibris. Ils sont même capables de voler sur place pour boire dans les fleurs, mais sans atteindre la perfection des oiseaux-mouches. Ils construisent des nids suspendus en forme de poche, faits de fibres végétales et de fils d'araignée.

Polochion à menton jaune, Petit Philémon, Petit Oiseau-moine [313]

(Philemon citreogularis)

Le Polochion à menton jaune appartient à la grande famille des méliphages et des sucriers, particuliers à l'Australie, à la Nouvelle-Guinée et aux îles du Pacifique, très variables en taille et en coloration. Comme tous les méliphages, le Polochion à menton jaune boit le nectar et lèche le pollen grâce à sa langue dont l'extrémité est en forme de brosse. En Australie, les méliphages sont les principaux pollinisateurs des arbres et des fleurs. Ils se nourrissent aussi d'insectes.

Loriot de Chine [314] *(Oriolus chinensis)*

Les loriots sont des oiseaux tropicaux présents en Asie et en Afrique (24 espèces). En Europe, on rencontre le Loriot d'Europe (*Oriolus oriolus*). Le Loriot de Chine vit dans l'est et le sud-est de l'Asie et niche dans les arbres, où il se nourrit d'insectes et de fruits. Les loriots ont de beaux chants flûtés.

313

314

Drongo royal [315] *(Dicrurus macrocercus)*

Le Drongo royal vit dans le sud de l'Asie. Il existe 20 espèces de drongos répandus en Afrique, en Asie et dans les îles du Pacifique. Ils se distinguent par leur longue queue fourchue. Pour guetter les insectes, le Drongo royal se perche sur une branche ou un poteau télégraphique. Dès qu'il en a repéré un, il fond sur lui et retourne se percher avec sa proie. Les drongos harcèlent aussi d'autres oiseaux en vol pour dérober leur nourriture. Ils se posent volontiers sur le dos des ruminants et capturent les insectes dérangés par ces animaux.

Pie-grièche grise [316] *(Lanius excubitor)*

La Pie-grièche grise vit en Afrique du Nord, en Europe, en Asie et en Amérique du Nord. Les pies-grièches (Laniidés) sont des oiseaux robustes, au bec puissant et crochu. Elles fréquentent les milieux ouverts plus ou moins boisés. Elles chassent des petits vertébrés et des insectes, qu'elles empalent sur des buissons épineux servant de garde-manger.

315

316

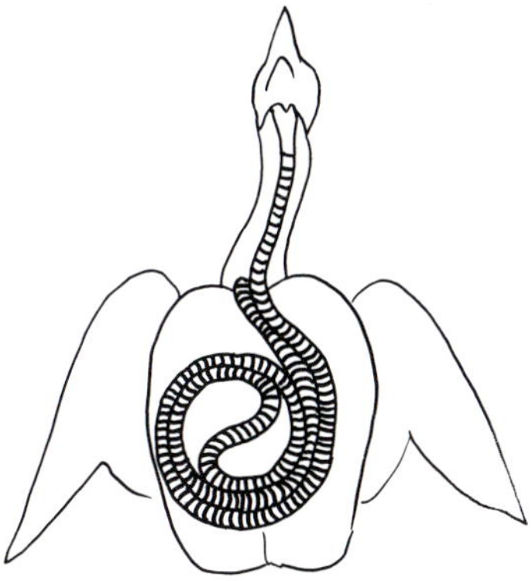

Certains oiseaux-de-paradis peuvent chanter très fort grâce à leur trachée enroulée comme un cor de chasse.

317

Paradisier républicain [317] *(Cicinnurus respublica)*

Le Paradisier républicain (Paradiséidés), formant une famille à part, est un oiseau-de-paradis dont le plumage magnifique est exhibé au cours des parades nuptiales. Le mâle accomplit ce rite coloré sur un tronc ou une branche verticale. Mais auparavant, il débarrasse l'endroit de toutes branches ou feuilles qui empêcheraient le soleil d'illuminer son plumage. Il cherche à attirer la femelle, au plumage discret, par des cris puissants. Le mâle s'accouple avec plusieurs femelles, qui élèvent seules leur nichée.

Jardinier à joues blanches, Oiseau-chat à oreillons blancs [318]

(Ailurœdus buccoides)

Le Jardinier à joues blanches est un oiseau-à-berceau de Nouvelle-Guinée. Particuliers à l'Australie et à la Nouvelle-Guinée, les oiseaux-à-berceaux sont des parents au

318

En parade, le Jardinier à nuque rose déploie sa grande huppe pourpre et montre du bec les ornements de sa tonnelle.

Le berceau pyramidal du Jardinier à nuque rose peut atteindre 2,70 m de haut.

319

Postures de parade du Jardinier à nuque rose.

320

plumage discret des oiseaux-de-paradis. Ils ont pour particularité de construire des sortes de « berceaux », pour attirer les femelles. Le Jardinier à joues blanches parade sur un tapis de feuilles colorées.

Jardinier à nuque rose, Grand Oiseau-à-berceau [319] *(Chlamydera nuchalis)*

Le mâle du Jardinier à nuque rose bâtit une tonnelle de branchettes comprenant une allée intérieure, qu'il décore d'os et de coquilles d'escargots. Pour attirer la femelle dans l'allée, où a lieu l'accouplement, le mâle exécute une danse compliquée et dresse les plumes pourpres de sa nuque. D'autres espèces décorent le berceau de fleurs ou d'élytres brillants, tandis que le Jardinier satiné, ou Oiseau-satin, le peint avec le jus de baies de couleur bleue.

Pirolle verte [320] *(Cissa chinensis)*

La Pirolle verte vit dans les forêts tropicales et subtropicales, ainsi que dans les forêts de bambous de l'Himalaya à l'Indonésie. Comme les autres Corvidés, elle possède une grande faculté d'apprentissage. Elle vit en couples ou en petites troupes habiles à découvrir de nouvelles ressources. Difficile à surprendre, elle émet des cris d'alarme qui agissent également sur les autres espèces d'oiseaux et les grands mammifères, comme les Cervidés.

Grand Corbeau [321] *(Corvus corax)*

Les Corvidés sont répandus dans le monde entier. Le Grand Corbeau est le plus grand des passereaux et peut peser jusqu'à 1,6 kg dans les régions nordiques. Il habite l'Europe, l'Asie, l'Afrique du Nord et l'Amérique du Nord. Grâce à son intelligence développée, il a réussi à s'adapter à la vie dans les bois, les steppes, les déserts et les pays froids. En France, on le trouve surtout en montagne mais aussi dans les plaines. Les Corvidés ont des cris rauques, mais sont capables d'imiter d'autres sons, voire la voix humaine.

Geai des chênes [322] *(Garrulus glandarius)*

Le Geai des chênes fréquente les forêts de feuillus d'une grande partie de l'Europe, de l'Asie et de l'Afrique du Nord. On le trouve également dans les parcs publics. C'est un omnivore, comme les autres Corvidés. Il se nourrit d'insectes, de petits vertébrés, de grenouilles, de souris, ainsi que d'œufs et d'oisillons, de graines et de fruits. À l'automne, il se nourrit surtout de glands, qu'il dissimule dans des cachettes, contribuant à la dispersion du chêne.

321

322

Apôtre gris, Crave apôtre [323] *(Struthidea cinerea)*

L'Apôtre gris (Corroracidés), constituant une famille à part, fréquente les régions arides d'Australie. Il se déplace en bandes de dix à douze oiseaux, formées par un couple dominant que rejoignent de jeunes individus. Ces oiseaux bâtissent un gros nid fait de brindilles et de boue collectée après une averse. Les nichées sont élevées par l'ensemble de la troupe.

323

324

Spréo royal [324] *(Cosmopsarus regius)*

Le Spréo royal est le plus coloré des étourneaux africains. Il se nourrit surtout de termites. D'un coup de son long bec, il éventre les termitières et attrape les insectes qui en sortent. À l'origine, les étourneaux vivaient dans l'Ancien Monde, mais l'Étourneau sansonnet, le plus prolifique de tous, a été introduit en Amérique et en Australie par les colons. Ses grandes nichées et son agressivité en ont fait un sérieux rival pour certaines espèces indigènes. Les étourneaux se nourrissent d'insectes et de fruits et, dans certaines régions où leur prolifération n'est plus limitée par les prédateurs, ils sont devenus une gêne pour l'agriculture.

325

Étourneau de Rothschild, Étourneau de Bali [325] *(Leucopsar rotschildi)*

Cet étourneau ne vit que dans une partie de l'île de Bali. Il est menacé d'extinction et survit grâce à sa reproduction en captivité. Les étourneaux sont connus pour leur aptitude à imiter la voix humaine et les chants d'autres oiseaux, le Mainate religieux étant certainement l'imitateur le plus doué, prononçant certains mots mieux que les perroquets.

326

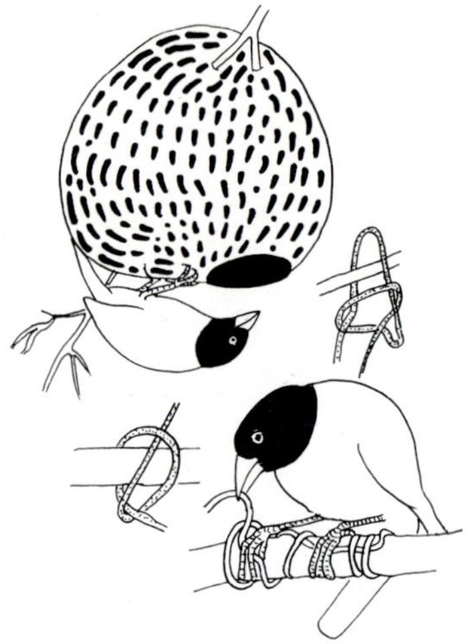

Les tisserins suspendent leurs nids aux branches à l'aide de nœuds compliqués

Moineau domestique [326] *(Passer domesticus)*

Originaire d'Eurasie, le Moineau domestique, familièrement appelé « pierrot », a été introduit dans le monde entier. Les autres espèces de moineaux vivent en Europe, en Asie et en Afrique. Les moineaux se caractérisent par un bec conique et se nourrissent surtout de graines de plantes herbacées. Le Moineau domestique est l'oiseau le mieux adapté aux zones urbaines et agricoles. Mais, parfois, il retrouve son mode de vie ancestral et construit des nids de fibres végétales avec dôme dans les arbres.

Alecto à tête blanche [327] *(Dinemellia dinemelli)*

327

L'Alecto à tête blanche est le plus grand des Plocéidés, une famille qui comprend les tisserins, les veuves et les malimbes. Ces parents des moineaux sont répandus en Afrique et dans le sud de l'Asie. Les mâles construisent les nids côte à côte et les recouvrent d'un toit unique. Autre tisserin, le Républicain social d'Afrique du Sud construit de grands nids collectifs à chambres séparées. D'année en année, des nids sont ajoutés et l'ensemble peut posséder 125 entrées et mesurer jusqu'à 4,8 m de haut et 3,6 m de long. Un tel nid représente une protection efficace contre les froids hivernaux car il est utilisé toute l'année.

Tisserin gendarme [328, 329] *(Ploceus cucullatus)*

Le Tisserin gendarme vit un peu partout en Afrique, dans les savanes et près des habitations. Confectionnés par les mâles, les nids suspendus des tisserins sont faits de brins d'herbe ou de lanières de feuilles entrelacées. Ces oiseaux savent réaliser des nœuds compliqués en s'aidant du bec et des doigts, d'où leur nom. La plupart des espèces se nourrissent de graines de graminées et d'insectes. Le Tisserin gendarme présente de nombreuses sous-espèces géographiques différant par leur coloration. L'illustration 328 montre un mâle en parade : suspendu sous le nid qu'il vient de terminer, il agite ses ailes en chantant. La femelle choisit le mâle dont le nid lui paraît le meilleur. C'est à elle qu'il revient d'en tapisser l'intérieur.

328
329

330

331

Diamant de Gould [330, 331 – jeune oiseau] *(Chlœbia gouldiæ)*

Le Diamant de Gould fait partie d'une famille de petits passereaux d'Afrique et d'Australie, les Estrildidés. C'est l'un des plus beaux oiseaux des régions tropicales du nord de l'Australie. Il se nourrit de petites graines de graminées, et d'insectes pendant la saison des nids. Il boit en aspirant, à la manière des pigeons, et niche dans des trous d'arbres ainsi que dans les termitières. Les jeunes guident les parents au moment de la becquée grâce aux coins luisants de leur bouche.

Paruline à croupion jaune [332] *(Dendroica coronata)*

Les parulines, ou sylvettes, sont des passereaux graciles, au petit bec pointu, caractéristiques du continent américain. Comme bien d'autres, la Paruline à croupion jaune vit en Amérique du Nord, mais il existe plusieurs espèces sud-américaines. Les parulines se nourrissent d'insectes qu'elles capturent sur les feuilles, souvent en vol. La femelle fait son nid et couve seule.

332

333

Chardonneret élégant [333] *(Carduelis carduelis)*

En raison de son plumage coloré, le Chardonneret élégant est l'un des fringilles les plus appréciés. Les fringilles se distinguent par leur bec conique et leur alimentation à base de graines. Cependant, les jeunes sont nourris d'insectes, voire de graines partiellement digérées. Espèce eurasienne, le Chardonneret élégant a été introduit en Australie, en Nouvelle-Zélande et en Amérique par des colons nostalgiques. Il se nourrit surtout de graines de chardon, de plantes herbacées, d'aulne et de bouleau.

Bec-croisé des sapins [334] *(Loxia curvirostra)*

Le Bec-croisé des sapins est un fringille robuste au bec remarquable car ses deux mandibules sont recourbées et se croisent à leur extrémité, formant un outil efficace pour décortiquer les cônes des conifères. À l'aide du bec, l'oiseau arrache une écaille et extrait la graine avec la langue. Un seul individu consomme environ 700 graines d'épicéa par jour. L'espèce est répandue en Europe, en Afrique du Nord, en Asie et en Amérique du Nord, dans les forêts de sapins et d'épicéas, principalement en montagne. Les bandes de becs-croisés se déplacent parfois sur de longues distances pour trouver des cônes mûrs. Les graines étant disponibles toute l'année, ces oiseaux se reproduisent en toute saison, même en plein hiver, quand les cônes sont mûrs.

Durbec des sapins [335] *(Pinicola enucleator)*

Le Durbec des sapins est répandu en Scandinavie, en Sibérie et au Canada. C'est un oiseau trapu qui peut atteindre la taille d'un étourneau. Son bec est particulièrement fort, avec la mandibule supérieure crochue. Le mâle offre une livrée rouge teintée de carmin, tandis que la femelle est d'un gris-jaune parfois teinté d'orange. Le Durbec des sapins mange surtout des graines de conifères, qu'il sait extraire des cônes. À la belle saison, il capture aussi des insectes, surtout quand il nourrit la nichée.

334

335

336

337

Gros-bec casse-noyaux [336] *(Coccothraustes coccothraustes)*

Ce gros fringille vit dans les forêts de feuillus, mais aussi dans les haies et les parcs publics, en Europe, en Afrique et en Asie. Il se distingue par son bec très gros, capable, grâce à de puissants muscles, de briser les noyaux des cerises et des prunes. Il se nourrit également de graines d'arbres à feuilles caduques.

Paroare huppé, Cardinal gris [337] *(Paroaria coronata)*

Le Paroare huppé est un passereau commun en Amérique du Sud. Les paroares sont des parents du Cardinal rouge, ou Cardinal de Virginie, superbe passereau nord-américain au plumage écarlate. Ces oiseaux sont rangés aux côtés des bruants.

Tangara écarlate [338] *(Piranga olivacea)*

Les tangaras forment la famille des Tanagridés. Ce sont de beaux oiseaux au plumage coloré se nourrissant de fruits, d'insectes et d'araignées. Le chant mélodieux du Tangara écarlate, qui vit dans l'est de l'Amérique du Nord, a inspiré le compositeur Anton Dvořák pour son *Quatuor américain*.

Calliste septicolore, Tangara septicolore [339] *(Tangara chilensis)*

Le Tangara septicolore est le plus coloré des tangaras. En dépit de son nom scientifique, il ne vit pas au Chili mais en Amazonie. Son plumage somptueux arbore sept couleurs, d'où son nom.

338

339

340

Bruant des roseaux [340] *(Emberiza schœniclus)*

Le Bruant des roseaux niche dans les roseaux et les marais d'Europe et d'Asie. Les bruants se nourrissent de graines qu'ils écrasent avec leur bec spécialement conformé : le palais est pourvu d'un tubercule saillant qui permet de maintenir les graines. Les jeunes sont alimentés avec des insectes, des araignées et de petits mollusques.

Cassique à tête brune [341] *(Psarocolius wagleri)*

341

Les cassiques forment, avec les troupiales, les orioles et autres, une famille de passereaux américains, les Ictéridés. Ces oiseaux sont de la taille d'un pinson à celle d'une corneille. Ils ont un bec conique prolongé par une courte plaque frontale et possèdent de fortes pattes. Leur nourriture est variée, les adultes préférant les aliments végétaux et les jeunes les insectes. Certains d'entre eux, les vachers, sont parasites. Le Cassique à tête brune, à la silhouette caractéristique, vit en Amérique du Sud. Il bâtit un nid de fibres végétales en forme de gourde pouvant atteindre 1,5 m de long.

BIBLIOGRAPHIE

Oiseaux du monde

Encyclopédie des oiseaux, Ed. Gründ.
Encyclopédie mondiale des oiseaux, Ed. Bordas *(avec liste de tous les oiseaux du monde)*.
La vie des oiseaux (Europe), Paul Géroudet, 8 tomes, Ed. Delachaux et Niestlé.
Les oiseaux d'Europe, C. Perrins et M. Cuisin, Ed. Delachaux et Niestlé *(guide d'identification avec généralités sur la vie des oiseaux)*.
Les oiseaux d'Europe, Lars Johnson, Ed. Nathan.
Les oiseaux du nord de l'Afrique, Ed. Boubée.
Guide des oiseaux de l'Ouest africain, Ed. Delachaux et Niestlé.
Les oiseaux de Madagascar, Ed. Delachaux et Niestlé.
Les oiseaux du Proche-Orient et du Moyen-Orient, Ed. Boubée.
Peu d'ouvrages facilement abordables en langue française existent sur les autres régions du monde

Classification

Noms français des oiseaux du monde, Commission internationale des noms français des oiseaux, Ed. Chabaud.
Traité de Zoologie, tome XV Oiseaux, pages 845-1055, P-P Grassé, Ed. Masson.
Guide des manchots, Ed. Delachaux et Niestlé.
Guides des hérons du monde, Ed. Delachaux et Niestlé.
Guide des canards, des oies et des cygnes, Ed. Delachaux et Niestlé.
Les rapaces d'Europe, Suetens, Ed. du Perron.
Les pies-grièches d'Europe, d'Afrique du Nord et du Moyen-Orient, Ed. Delachaux et Niestlé.
Guide des passereaux granivores, Gilbert Armani, Ed. Boubée.

Pour observer les oiseaux

L'ami des oiseaux, Burton, Ed. Bordas.
La passion des oiseaux, Ph. Dubois et M. Duquet, Ed. Sang de la Terre.
Où voir des oiseaux en France ?, Ligue française pour la protection des oiseaux (LPO), Ed. Nathan.

Adresses utiles

Fonds d'intervention pour les rapaces (FIR), 29 rue du mont-Valérien, 92210 Saint-Cloud
Ligue pour la protection des oiseaux (LPO), La Corderie Royale, 17300 Rochefort

Si vous trouver un oiseau bagué, renvoyer la bague au :
Centre de recherche sur la biologie des populations d'oiseaux (CRBPO), 55 rue de Buffon, 75005 Paris
En retour, vous recevrez des informations sur l'origine de votre oiseau.

INDEX DES NOMS FRANÇAIS

Les numéros en romain renvoient aux pages, les numéros en italique renvoient aux illustrations, les numéros en gras renvoient aux entrées principales

INDEX DES NOMS LATINS

Les numéros en romain renvoient aux pages, les numéros en italique renvoient aux illustrations, les numéros en gras renvoient aux entrées principales

Crédits photographiques

(Les numéros correspondent à ceux des illustrations)

Anderle, J. : 187, 238
Bohdal, J. : 289
Burton, J. (Coleman) : 312
Dungel, J. : 32
Elmelid, J. : 173
Formánek, J. : 142, 154, 302
Harris, M. P. (Coleman) : 332
Harvančík, S. : 298, 303
Hlásek, L. : 18, 25, 28, 30, 52, 111, 113, 158, 160, 164, 167, 168, 172, 178, 233, 235, 244, 274, 287, 292, 299, 300, 301, 322
Hlaváček, J. : 310
Macháček, P. : 58, 59, 73, 139, 153, 262, 291
Pavlík, P. : 56, 63, 71, 104, 120, 188, 225, 242, 255, 256, 275, 276, 293-295, 297, 307-309, 316, 333, 334, 336, 340 ; p. 2
Petretti, P. (Panda photo) : 183
Podpěra, P. : 211
Prevost (Jacana) : 46
Rivarola, H. (Coleman) : 245
Šálek, J. : 213, 315
Schraml, W. (Jacana) : 280
Seget, J. : 281
Ševčík, J. : 55, 61
Tollu, B. (Jacana) : 45
Veselovský, Z. : 1-17, 19-24, 26-27, 29, 33-41, 47-51, 53-54, 57, 60, 62, 64-70, 72, 74-103, 105-110, 112, 114-119, 121-138, 140-141, 143-152, 155-157, 159, 161-163, 165-166, 169-171, 174-177, 179, 181-182, 184-186, 189-210, 212, 214-224, 226-232, 234,236-237, 239-241, 243, 246-254, 257-261, 263-273, 277-279, 282-286, 288, 290, 296, 304-306, 311, 313-314, 317-321, 323-331, 335, 337-339, 341 ; pp. 4, 5, 6, 8
Weidinger, K. : 42, 43, 44
van Wormer, J. (Coleman) : 180